LE COMMERCE DU GLOBE

COMPTES DE REVIENT

DE

MARCHANDISES ÉCHANGÉES ENTRE TOUTES LES PRINCIPALES PLACES DE COMMERCE DU MONDE

PAR

H.-L. MULLER, Négociant au Havre

LE HAVRE

Alphonse LEMALE, Imprimeur

—

1865

LE COMMERCE DU GLOBE

LE COMMERCE DU GLOBE

COMPTES DE REVIENT

DE

MARCHANDISES ÉCHANGÉES ENTRE LES PRINCIPALES PLACES DE COMMERCE DU MONDE

PAR

H.-L. MULLER, Négociant au Havre

ZONE DES COTES DU PACIFIQUE

LIMA, IQUIQUE, VALPARAISO, SAN-SALVADOR, ACAPULCO, SAN-FRANCISCO.

HAVRE

A. LEMALE aîné, Imprimeur

—

1871

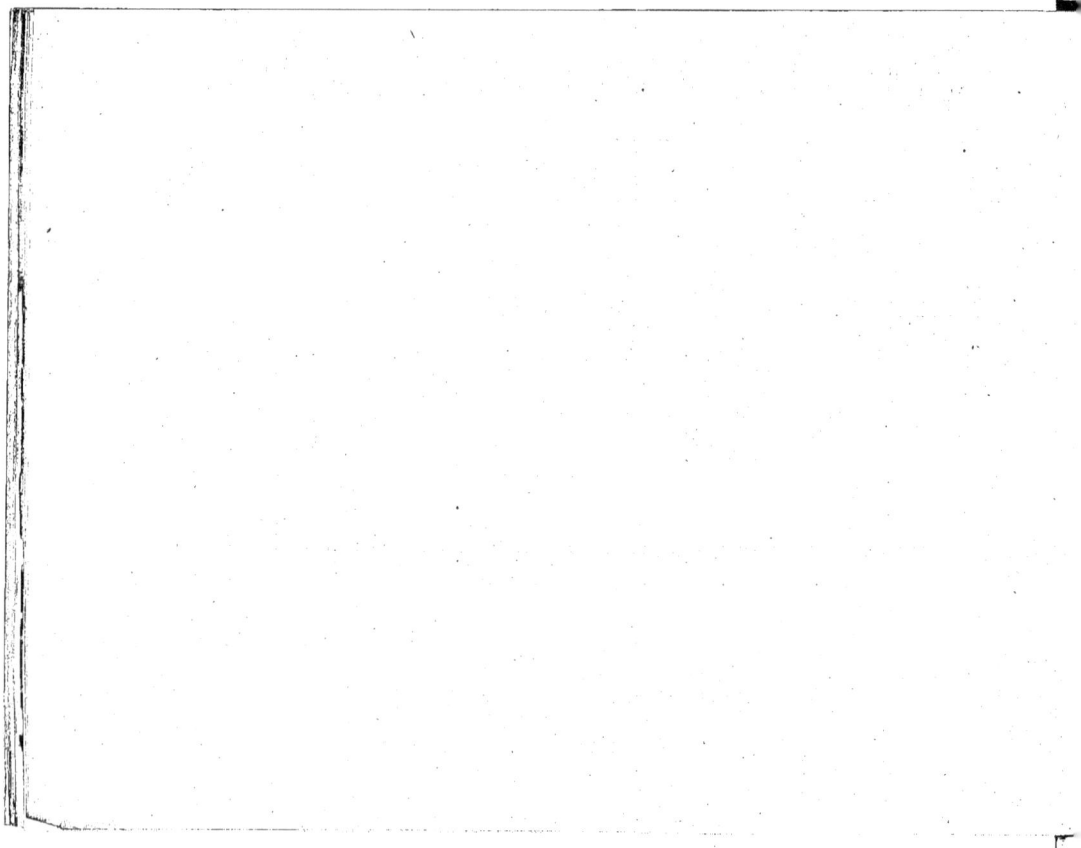

PRÉFACE

Depuis 1839, époque à laquelle nous fîmes paraître la première Édition du COMMERCE DU GLOBE, il est survenu de si nombreux changements que les Comptes dont ce volume est composé, sont aujourd'hui, pour la plupart, hors de service.

Le Commerce avait besoin d'un ouvrage nouveau, en rapport avec les transactions actuelles; des demandes incessantes nous ayant été adressées dans ce sens depuis plusieurs années, nous nous sommes enfin décidés à refaire cet ouvrage sur un plan nouveau et sur une échelle beaucoup plus vaste.

En me bornant à refaire ce qui existe depuis vingt-cinq ans, en y introduisant les modifications survenues, je n'eusse satisfait que très imparfaitement aux besoins nouveaux. Pour élargir le cadre du premier ouvrage et embrasser dans celui-ci toutes les parties du monde, le concours des agents consulaires de France dans les pays d'Outre-Mer m'était indispensable. Il est de mon devoir de reconnaître que S. E. Monsieur le Ministre du Commerce, ainsi que S. E. Monsieur le Ministre des Affaires Étrangères, sur la recommandation particulière de notre Chambre de Commerce, ont bien voulu, dans un but d'utilité publique, accueillir ma demande avec une très grande bienveillance, et me donner toute l'assistance désirable.

Tous les négociants peuvent, sans doute, établir eux-mêmes leurs *Comptes de Revient*; mais tous savent, par expérience, qu'on manque souvent des renseignements indispensables. Mille fois pendant ma longue carrière commerciale, j'aurais trouvé fort intéressant, et fort utile, d'avoir sous la main un livre qu'il m'eût suffi d'ouvrir pour y rencontrer les renseignements qui me manquaient, comme aussi pour contrôler mes calculs, en les comparant à des échelles présentant toutes les variations dans le coût de la marchandise et dans les changes, et faisant ressortir en regard le *Prix de Revient* au lieu de destination. — Si mes calculs eussent été faits à l'avance, c'eût été une immense satisfaction et une très grande tranquillité d'esprit pour moi d'être d'accord avec le livre en question, et si je n'avais pas eu les renseignements nécessaires, j'aurais été doublement heureux de les y trouver avec les calculs tout faits.

Voici quel est le plan de cet Ouvrage :

Une Édition Française renfermera des Notices sur ce qui concerne le Commerce et la Marine des principales Places de Commerce, ainsi que des Comptes de Revient de denrées échangées entre tous les pays d'Outre-Mer et les ports français.

Chaque Compte sera accompagné d'un tableau de parité qui indiquera selon le change, s'il est avantageux de se rembourser sur telle Place plutôt que sur telle autre, et, en outre, d'une échelle comparative qui permettra de calculer d'un coup d'œil les variations dans le prix de revient, produites par l'augmentation ou la réduction soit du prix d'achat, soit du fret, soit du change.

Une Édition Anglaise renfermera à peu près les mêmes matières que l'Édition française, mais avec cette différence *capitale* qu'elle sera faite en vue du commerce Britannique, et que tous les Comptes de Revient seront établis pour les importations en Angleterre.

Ces deux ouvrages auront certainement leur importance pour tous les négociants Européens et pour ceux qui habitent les pays d'Outre-Mer; car, il est intéressant de savoir exactement quel est le port d'Europe qui laisserait la plus belle marge pour telles ou telles marchandises expédiées de n'importe quel port d'Outre-Mer ; — avec ces deux ouvrages sous les yeux et les prix courants nécessaires, on pourra établir ces comparaisons sans faire aucun calcul.

Pour faciliter l'acquisition de ces deux ouvrages réunis, dont le coût sera au-dessus de la valeur ordinaire des autres livres, — les dépenses pour obtenir les nombreux renseignements indispensables étant considérables, et les difficultés typographiques occasionnées par les tableaux rendant l'impression fort coûteuse, — nous ferons paraître des livraisons par zônes qui comprendront les comptes français et anglais, extraits des deux éditions principales, et qui pourront s'obtenir séparément. Ainsi, par exemple, le négociant d'Europe qui travaillera spécialement avec les ports des Indes Occidentales, et toutes les Maisons de commerce de pays, pourraient hésiter à prendre les deux éditions principales qui renfermeront un certain nombre de Comptes peut-être sans intérêt pour eux : tandis que ces négociants pourront acheter à un prix modéré l'Édition spéciale qui renfermera les *Comptes de Revient* pour la France de toutes les marchandises qui s'exportent des divers ports.

Il en sera de même pour les *Zones* ci-après : chacune d'elles comprendra les Comptes de tous les ports placés dans son rayon.

En voici le détail :

La Plata ; — Golfe du Bengale Mer d'Oman, Afrique, — Brésil ; — Iles de la Sonde et de l'Océanie ; — Indes Occidentales ; — Méditerranée , Egypte, Mer Noire.

Pour un travail de cette importance, il s'agissait de trouver une combinaison qui le mit à l'abri des changements qui peuvent survenir dans les droits de sortie des pays producteurs, comme dans les droits d'entrée des pays de consommation. C'est là l'élément principal qui peut modifier le *Compte de Revient*. — Afin d'éviter cet inconvénient, j'établis tous les Comptes sans ces droits ; ces comptes ne seront donc susceptibles, sous ce rapport, d'aucune altération et pourront servir longtemps.

Pour les droits de sortie des pays de production, j'établis sur chaque Compte un calcul séparé qui fait ressortir ce qu'ils produisent en France par 100 kilog. ; il suffira d'ajouter la somme indiquée aux Prix de Revient des tableaux. — On trouvera en outre sur chaque compte, pour le calcul de ces mêmes droits de sortie, des logarithmes à tous les changes qui serviront, au moyen d'une simple multiplication, à calculer, en cas de changement des droits, ce que ces droits produiront par 100 kil. — Les explications se trouveront dans la notice placée en tête de chaque Port.

Quant aux droits d'entrée en France, ils seront mentionnés sur chaque Compte, dans la colonne des observations. — Ces droits seront à ajouter aux Prix de revient des tableaux, quand la marchandise devra être vendue à l'acquitté.

S'il survenait des changements susceptibles de modifier les calculs de quelques Comptes, je recevrais avec reconnaissance les indications détaillées et je m'empresserais d'établir de nouveaux Comptes.

Dans la première colonne verticale de chaque tableau figurent les Prix d'achat fractionnés par huitièmes ou de 1 à 10 avec la mention : *Subdivisions — Coût et frais variables*. Les *frais invariables* ne sont pas contenus dans les sommes placées en regard de ces chiffres ; ils figurent seulement dans les Prix de revient compris sous la mention *Coût et frais variables et invariables ;* en additionnant les premiers avec les derniers, quand cela sera nécessaire, il n'y aura pas de double emploi.

Tous mes comptes sont établis pour la France, en vue d'un mois de séjour en magasin.

J'ai admis uniformément une commission de vente de 2 °/₀ qui varie jusqu'à 3 °/₀ en y comprenant le ducroire.

Le rendement du poids net au port de débarquement étant une chose importante, quand il s'agit d'établir un *Compte de Revient*, je me suis scrupuleusement attaché à m'entourer de renseignements exacts pour arriver à connaître le rendement moyen de chaque article.

Quand le Commerce aura reconnu l'exactitude des Comptes renfermés dans cet ouvrage, il pourra simplifier ses ordres d'achat avec les pays d'Outre-Mer, ordres qui se trouvent parfois compliqués à cause des diversités de monnaies, de changes, frets, etc., en transmettant des limites « *franco au Port de débarquement, d'après le* Commerce du Globe. » — Ce mode préservera le négociant de tout mécompte, attendu que ces limites comprendront tous les frais que la marchandise aura à supporter jusqu'après la vente, ainsi qu'une commission de 2 °/₀.

Les armateurs, subrécargues et capitaines de navires, trouveront dans cet Ouvrage bien des choses utiles à consulter pour la direction des grands intérêts dont ils sont chargés. Un seul renseignement qui manquerait, et qu'on trouverait dans ce recueil, peut provoquer une bonne résolution, soit en commandant l'abstention sur tels articles, soit en décidant à reporter l'opération sur d'autres.

Souvent il arrive que les capitaines en cours de voyages, ne trouvant pas un fret de retour satisfaisant, et espérant faire mieux, achètent pour le compte de l'armement un chargement de bois ou d'autres marchandises. — S'ils avaient eu sous les yeux le Commerce du Globe qui, pour ces marchandises, renfermera des comptes spéciaux, indiquant pour chacune d'elles que, à tel prix coûtant à la source, et à tel prix de vente en Europe, *il resterait net par 1000 kil. tel fret pour l'armement*, ces capitaines auraient peut-être évité des pertes sérieuses à leurs armateurs.

Les Maisons établies dans les pays d'Outre-Mer, qui s'occupent d'importations de produits manufacturés, sont parfois fort embarrassées pour effectuer leurs retours, à cause des changes onéreux ou du manque de confiance. — Elles, aussi, trouveront un intérêt particulier à consulter le Commerce du Globe qui leur indiquera, sans qu'elles aient besoin de faire aucun calcul, ce qui convient le mieux à leurs intérêts pour faire des remises en Europe, soit d'acheter des produits de leur pays aux cours établis, soit d'acheter des traites.

En offrant cet Ouvrage au Commerce, nos peines seront bien récompensées si nous obtenons l'assurance qu'il lui a réellement rendu quelques services.

H.-L. MULLER.

P.-S. — Les Usages Commerciaux étant rendus uniformes pour tous les ports Français, nos Comptes de Revient, établis pour le Havre, pourront servir également pour les importations dans tous les autres ports de France.

CHILI

Géographie. — La partie principale et habitée de la république du Chili est située au sud-ouest de l'Amérique méridionale, entre la Cordillère des Andes et l'Océan Pacifique. Elle s'étend depuis le 24e degré de latitude sud jusqu'à l'archipel de Chiloé, par 43 degrés ½ formant une bande de terre longue et étroite dont la largeur varie entre 150 et 200 kilomètres. Sa longueur est de 3,600 kilomètres, y compris le pays occupé par les Araucaniens. Le Chili élève en outre des prétentions sur tout le pays compris entre les deux Océans, depuis Chiloé, dans le Pacifique et le Rio-Negro, sur l'Atlantique, jusqu'au cap Horn, comprenant la Patagonie, la Terre de Feu et divers groupes d'îles de la côte occidentale. Le Chili est borné au nord par la Bolivie, à l'est par la république Argentine dont il est séparé par la Cordillère, au sud par l'Océan Austral et à l'ouest par l'Océan Pacifique.

Le 24e degré de latitude forme la limite entre le Chili et la Bolivie; mais ces deux pays sont convenus de se partager par moitié tous les produits des mines, guanos, etc., qui s'exploiteraient entre les 23e et 25e degrés. Une commission mixte s'occupe en ce moment même (1870) de fixer les frontières conformément aux trois parallèles en question.

Le Chili se divise en 15 provinces et un territoire. Les provinces se subdivisent en départements, les départements en subdélégations et celles-ci en districts.

Voici les provinces avec indication de leurs chefs-lieux en commençant par le nord:

PROVINCES	KILOMÈTRES CARRÉS	HABITANTS EN 1865	Par kilomètre carré	CAPITALES	HABITANTS EN 1865
Atacama	96860	78972	0.8	Copiapo	13331
Coquimbo	41974	145895	3.5	La Serena	18550
Aconcagua	19181	124828	6.5	San Felipe	8695
Valparaiso	3430	142629	41.6	Valparaiso	70488
Santiago	18668	341683	18.3	Santiago	115377
Colchagua	12246	233045	18.2	San Fernando	6838
Curicó	—	—	—	Curicó	—
Talca	7819	100575	12.6	Talca	17900
Maulé	9297	187983	20.6	Cauquenes	5157
Nuble	8138	126402	15.4	Chillanc005	3781
Concepcion	14124	146056	10.3	Concepcion	13958
Arauco	40887	71901	1.7	Los Angeles	3960
Valdivia	27752	23429	0.8	Valdivia	3140
Llanquihue	21585	37601	1.7	Mélépulli	2000
Chiloé	—	59022	—	Ancud, ou aussi San Carlos	4851
Territoire de Magellan	—	195	—	Punta Arenas	—

Le climat est généralement sain; il présente naturellement de grandes variétés, en raison de la configuration du pays et de son étendue considérable du nord au sud.

Le point le plus élevé de la Cordillère des Andes Chiliennes est l'Aconcagua, qui est une des plus hautes montagnes de l'Amérique du sud. Son élévation est de 6834 mètres au-dessus du niveau de la mer. Après lui viennent le Tupungato et le Juncal dans la province de Santiago et les volcans de San-José, de Maipu et San-Francisco.

Les principaux fleuves sont, au sud le Rio-Bueno, le Valdivia, le Tolten, le Cauten, l'Imperial, le Bio-Bio et le Maulé. Les autres fleuves ne sont pas navigables; mais une foule de petites rivières et de torrents, descendant des montagnes jusqu'à la mer arrosent et fertilisent les principales vallées.

On trouve au Chili des eaux thermales; les plus célèbres sont celles de Coline, de Cauquenes et de Chillan.

Les ports principaux du Chili sont, en commençant par le nord: Caldera, Huasco, Coquimbo, Valparaiso, le plus important, Constitucion, Tomé, Talcahuano, Valdivia, Ancud et Mélépulli.

Population. — Il n'y a pas eu de recensement depuis celui du 19 avril 1855. La population était alors 2,085,000 habitants, y compris environ 88,000 Indiens, tant Araucaniens que Patagons, plus 23,000 étrangers. Tout porte à croire que la population a augmenté depuis cinq ans.

Organisation Politique et Administrative. — La constitution en vigueur date de 1833 de la présidence du général Prieto. Le gouvernement de la république est démocratique et représentatif. Il a pour chef un président élu pour cinq ans, et qui peut l'être de nouveau pour une seconde période, après quoi il cesse d'être rééligible si ce n'est après un intervalle de cinq autres années. La constitution établit trois pouvoirs: le pouvoir exécutif, le pouvoir législatif, le pouvoir judiciaire. Le pouvoir exécutif est exercé par le président qui gouverne par l'intermédiaire de quatre ministres d'état désignés par lui et par un conseil d'état composé de ces mêmes ministres, de deux membres des cours de justice, d'un général, d'un chef de bureau des finances et de deux ex-ministres d'état ou diplomatiques. Le congrès se compose de deux chambres, d'un sénat de vingt membres élus pour neuf ans et renouvelés par tiers tous les trois ans et d'une chambre de députés élus pour trois ans et composée de quatre-vingt-dix-sept membres, un député par 20.000 habitants. Tout Chilien justifiant d'un revenu de 200 ƒ ou d'une profession indépendante qui lui procure annuellement une pareille somme est électeur à 21 ans, s'il est marié, et à 25 ans s'il est célibataire. Il doit, en outre, savoir lire et écrire. Tout député doit justifier d'un revenu de 500 ƒ. Les sénateurs doivent être âgés de 36 ans et avoir un revenu de ƒ 2,000.

Les députés sont nommés par le suffrage direct et par arrondissement électoral. Les sénateurs sont nommés par une élection à deux degrés et sur un scrutin de liste qui comprend la république tout entière. La session ordinaire du congrès s'ouvre le 1er juin, sa durée est de trois mois, mais elle peut être prolongée extraordinairement par le président. Les lois votées par les chambres sont soumises à la sanction du président, qui a le droit de veto et d'amendement.

Le Chili est divisé en trois grandes juridictions à la tête desquelles est placée une cour d'appel. Ces cours sont établies à Santiago, à la Serena et à Concepcion. Il y a en plus une cour suprême à Santiago et un tribunal spécial de commerce à Santiago et à Valparaiso.

La magistrature est inamovible.

Finances. — Il ressort du mémoire du ministre des finances présenté au congrès de 1869 que le budget ordinaire des dépenses pour cet exercice, y compris quelques dépenses résultant de lois spéciales, s'élève à 69,831,247 fr. qui seront couverts en partie par les revenus ordinaires. Les principaux revenus sont ceux des douanes qui ont produit l'année dernière environ 30 millions de francs et ceux des articles monopolisés qu'on peut évaluer à 6 millions de francs. La dette publique s'élève à

47,674,869 fr. pour la dette intérieure.
109,273,600 » » » extérieure.
156,947,459 fr.

Le service des intérêts monte à 14,123,738 fr. 35 c.

Le ministre a annoncé que par suite de la construction de nouvelles lignes de chemins de fer et d'autres travaux en projets, la dette s'élèverait en 1870 au chiffre nominal de F. 210 millions et que les intérêts de cette dette représenteront 26 à 27 % du budget.

Le système décimal des poids et mesures a été adopté et commence à entrer en vigueur, sauf certaines tolérances qui subsistent encore.

Armée et Marine. — L'escadre chilienne se compose actuellement de six navires à hélice portant 42 canons de divers calibres et de six petits bâtiments à vapeur servant de transports ou de remorqueurs. En dehors des équipages de ces bâtiments, il existe un bataillon d'artillerie de marine composé de 400 hommes environ distribués sur les navires de l'escadre et formant la garnison de Magellan.

L'armée permanente se compose de 4,290 hommes dont 3,016 d'infanterie, 642 d'artillerie et 630 de cavalerie.

La garde nationale s'élève à 54,992 hommes dont 28,862 d'infanterie, 23,439 de cavalerie et 2,708 d'artillerie.

Commerce. — En 1867 les marchandises importées au Chili et sorties des douanes pour la consommation ont atteint une valeur de F. 124,817,355. — La France entre dans ce chiffre pour environ 30 millions de francs. Les principaux articles qui s'exportent de France pour le Chili; sont :

Les soieries, la chapellerie, les sucres raffinés chaussures, les articles de mode les liquides, les vêtements confectionnés, les draps, les étoffes de toutes sortes.

Les exportations se sont élevées en 1867 à 153,494,650 fr. La part de la France dans ce chiffre a été de 10 millions de francs environ. Nous tirons du Chili des cuivres en barres, des laines, des cuirs, du miel, du quillal, des céréales.

Les marchandises en transit représentaient une valeur de 15,240,550 francs. Il y a donc un mouvement général d'importation, d'exportation et de transit de F. 299,902,565. La France contribue à ce mouvement pour près de 40 millions de francs, elle occupe le deuxième rang dans les importations après l'Angleterre et le troisième rang dans les exportations après l'Angleterre et le Pérou.

Le mouvement général de la navigation au Chili y compris celui des bateaux à vapeur et du cabotage a été en 1867 de 6,874 navires, jaugeant 3,372,942 tonneaux. Il est entré dans la même année 110 navires français jaugeant 48,738 tonneaux et il en est sorti 87 navires jaugeant 39,485 tonneaux.

Législation Douanière. — Le régime des douanes est fixé par une ordonnance promulguée le 31 octobre 1864 et par le règlement du 16 janvier 1865 qui lui sert de complément. Les droits de douanes sont perçus au comptant. Ils sont de 2.15 et 25 % sur une évaluation des marchandises faite chaque année par une commission ad hoc nommée par le président et composée de négociants de Valparaiso, chiliens et étrangers, parmi lesquels un des chefs de nos maisons françaises figure toujours. Il y a aussi des marchandises libres de droits et d'autres payant un droit spécifique. Le tabac à fumer et les cartes à jouer sont monopolisés par l'état. Ces articles ne peuvent être importés que par le port de Valparaiso ainsi que les armes et les poudres.

Chemins de fer et Télégraphes. — On compte au Chili environ 14,600 kilomètres de chemins carrossables, 1,500 kilomètres de fleuves navigables et 730 kilomètres de chemin de fer en exploitation; 232 kilomètres en adjudication et 502 kilomètres en projet.

Les lignes principales sont celles de Valparaiso à Santiago et de Santiago à Curico; la première d'une longueur de 184 kilomètres et la deuxième de 165 kilomètres.

Une ligne télégraphique partant de Copiapo et passant par Caldero, Coquimbo Valparaiso et Santiago s'étend jusqu'à Concepcion et dessert ainsi la partie du Chili la plus importante et la plus peuplée.

Principaux Produits. — Les principales productions du Chili, sont : l'argent, le cuivre, le blé et les bois de construction. Il y a aussi des mines d'or mais en petite quantité.

L'argent se rencontre principalement dans les riches mines de Copiapo.

Le cuivre se trouve en abondance à Copiapo, au Huasco, à Coquimbo et à Concagua. L'exportation du cuivre en barres et minerai, en 1867 a été de 644 de près de 75 millions de francs, dont la plus grande partie à destination d'Angleterre.

Les céréales se cultivent particulièrement dans le territoire qui s'étend depuis Aconcague jusqu'à la province d'Arauco. Les récoltes ont atteint en 1867, à l'exportation le chiffre de 42 millions. La récolte de 1869 d'après les apparences, promettait à peu près 5 millions d'hectolitres pour l'exportation.

Les bois de construction se trouvent sur les rives du Maulé, dans les provinces de Valdivia, de Lhanquihué et de Chiloé.

Depuis plusieurs années, on a commencé l'exploitation de riches mines de charbon de terre à Lota et à Coronel. Le produit est abondant et de bonne qualité.

Les principales productions végétales après le blé sont : la vigne qui a été plantée en grande abondance et dont la culture qui va se perfectionnant, est destinée à donner de grands résultats; viennent ensuite l'orge, le maïs, les pommes de terre et une grande variété de fruits où l'on retrouve presque tous ceux d'Europe.

Services à vapeur entre le Chili et l'Europe. — La navigation à vapeur a été établie dans le Pacifique en 1840. C'est une compagnie anglaise dite Compagnie des bateaux à vapeur du Pacifique qui en exerce le monopole. Une ligne qui va de Valparaiso à Panama, touchant dans les ports principaux du Chili, du Pérou et de l'Équateur, part de Valparaiso les 3, 10 et 17 de chaque mois et arrive de Panama à Valparaiso en faisant les mêmes escales les 11, 21 et 27. Tous ces bateaux correspondent avec les grandes lignes de l'Océan Atlantique partant de Colon-Aspinwall pour l'Europe et les États-Unis. Le départ de Valparaiso du 10 et l'arrivée dans ce port le 21 correspond avec notre ligne de Saint-Nazaire.

La même compagnie a deux services par mois pour les ports du sud du Chili, l'un jusqu'à Puerto-Mont, l'autre jusqu'à Talcahuano. — Le port de Lota est également mis en communication bi-mensuelle avec Valparaiso par une compagnie chilienne.

Depuis deux ans environ une grande ligne de bateaux à vapeur a été établie par la compagnie anglaise du Pacifique, entre Valparaiso et Liverpool par le détroit de Magellan avec escales à Punta-Arenas (Magellan), Montevideo, Rio de Janeiro, Lisbonne, Bordeaux et Liverpool. Elle reçoit 300,000 francs par an du gouvernement chilien à titre de subvention. Elle est devenue bi-mensuelle, puis tri-mensuelle, et accomplit son service au moyen de bateaux du port de 3,000 tonneaux et d'une force de 600 chevaux.

VALPARAISO

Port le plus important de la côte Pacifique et de la république du Chili, 70 à 80 mille habitants.

Le phare est placé à la pointe des Anges ou Playa Ancha, extrémité sud de la baie au fond de laquelle Valparaiso est située. Ce phare se compose d'une lumière blanche fixe avec étincelles de minute en minute, sa position est par 33° 1′ 7″ de latitude sud et 74° 2′ 1″ ouest de Paris; sa lumière est élevée de 60 mètres 60 centimètres au-dessus du niveau de la basse mer et s'aperçoit à 16 milles maritimes de distance. Un petit rocher appelé la Baja, se trouve à une encablure et demie est-nord-est de la pointe où s'élève le phare. Comme il y a assez d'eau, un navire doit s'en approcher autant qu'il veut et gouverner à la rade. Valparaiso est au fond de la rade au sud, derrière la pointe des Anges.

Les navires qui vont à Valparaiso doivent prendre le 33° 20′ sud pendant dix mois de l'année, durant lesquels règnent les vents du sud. De là on voit avant la côte les plus élevés de la Cordillère, le haut et majestueux Aconcagua, couvert de neiges éternelles. La partie la plus élevée, qui est à l'ouest, se forme d'une série de pics irréguliers; au sud-est cette montagne est toute unie. Ce point, situé à 30 lieues du port, et la montagne appelée Cloche de Quillota, qui est à 9 lieues, sont de bons signaux.

Avec les vents du sud il faut avoir soin de carguer les voiles, parce que, bien que ce vent soit faible et constant au large, la baie est exposée à de fortes rafales qui viennent de la Cordillère, et auxquelles il faut prendre garde. Si le vent est fort, il est prudent d'attendre au large de Playa-Ancha, qu'il se calme, ce qui a lieu généralement au bout de quelques heures. Si par hasard un navire s'approchait avec un vent frais du nord, il ferait bien d'attendre au large jusqu'à ce que le vent fût passé à l'ouest, ce qui arrive toujours après quelques heures.

Le meilleur mouillage est dans la partie sud-ouest de la rade, auprès de l'entrepôt de la douane, mais il se trouve presque toujours occupé par des navires de guerre. Pendant l'été, il faut s'approcher de la terre autant qu'on peut; mais en hiver, mieux vaut se tenir plus loin, à distance des autres navires pour éviter les abordages, fréquents pendant les grosses marées que ramènent les vents du nord. Un temps clair et le baromètre haut annoncent de forts vents du sud; un temps couvert, le baromètre bas, un état de l'atmosphère tel qu'on distingue bien des points éloignés, comme la colline de l'Apuda et les hauteurs de Pichidangui, annoncent d'une manière certaine les vents du nord. Le côté nord-est de la rade de Valparaiso est formé par des alternatives de rochers et de plages jusqu'à la pointe de Concou, derrière laquelle se trouve une rade où les embarcations peuvent débarquer pendant le beau temps. A trois milles nord-nord-ouest de cette pointe sont les rochers de Concou, lesquels, bien qu'ils soient au-dessus de l'eau, il est bon de se tenir à distance, quand il y a un peu de vent, à cause d'un ressac et d'un courant du sud au nord qui porte vers eux.

Valparaiso doit sa grande partie son importance commerciale à sa situation à 30 lieues environ de Santiago, dont il est le port le plus proche. C'est là que viennent débarquer les nombreux navires qui apportent au Chili les produits manufacturés de l'Europe; c'est de là aussi que ces marchandises se distribuent par les caboteurs dans les divers ports de la côte du Chili, de la Bolivie et du Pérou; de là qu'elles partent pour les provinces du nord de la confédération Argentine : c'est là que vont s'embarquer une grande partie des grains, des farines, des cuirs, de la viande sèche que le Chili expédie. Ce sont les négociants de Valparaiso qui font, non seulement ces expéditions, mais une partie considérable des grains et farines qui partent des ports de Concepcion et Talcahuano et de celles des métaux et minerais qui s'effectuent par les ports de Caldera, Huasco et Coquimbo, ainsi que les opérations de retour auxquelles ces expéditions donnent lieu.

La plus grande partie du commerce de Valparaiso est faite par les maisons européennes, avec des capitaux européens, mais il y a plusieurs maisons chiliennes de premier ordre qui ne le cèdent à aucune autre, ni quant à l'activité et à l'intelligence commerciale, ni quant à l'importance des capitaux.

Le port de Valparaiso donne peu de retours directs à l'Europe; les navires qui y apportent les marchandises européennes sont obligés, le plus souvent, d'aller charger à la côte; mais ces chargements qu'on trouve à de distance sont abondants et paient un fret assez avantageux qui couvre souvent plus des ½ des frais du voyage, aller et retour. Ainsi par exemple, depuis plusieurs années le fret du Havre à Valparaiso a varié de F. 40 à 60 et le fret de retour de F. 60 à 100.

Mesures. — Poids et Monnaies

MESURES LINÉAIRES. —	1 legua................	=	4.513 mètres.
	1 cuadra..............	=	125.360 »
	1 vara................	=	0.836 »
	1 pié.................	=	0.279 »
	1 pulgada.............	=	0.02322 »
	1 linea...............	=	0.001935
MESURES DE SUPERFICIE. —	1 cuadra cuadrada	=	157 ares 21624
	1 vara cuadrada...	=	0 m. 6987
MESURES DE CAPACITÉ. —	1 fanega.............	=	96 litres 99
	1 almud..............	=	8 083
MESURES DE VOLUME. —	1 vara cubica........	=	0.5841 mètre cube.
	1 pié cubica.........	=	21.6325 décimètres cubes
POIDS.	— 1 quintal...........	=	46.0090 kilogrammes.
	1 arroba.............	=	11.5025 »
	1 seco (farines)....	=	78.5520 »
	1 cajou (minerais)	=	2944 kil. 640
	1 libra..............	=	0.46009 »
	1 onza...............	=	28 gr. 75
	1 adarme............	=	17 » 97
MONNAIES. OR.	— Le Condor à 9⁰⁰/₁₀₀₀, pèse 15 gr. 253 et vaut 10 piastres.		
ARGENT.	— Le Peso ou Piastre à 9⁰⁰/₁₀₀₀, pèse 25 gr. et se subdivise pour les comptes en 100 centavos de cuivre. Il y a des pièces de 50, 20, 10 et 5 centavos.		

L'ancienne once d'or au titre de ⁷⁵/₁₀₀ vaut 17.25 piastres, mais on n'en frappe plus.

L'adoption du système décimal a été décrétée et mise en exécution pour les monnaies.

Les changes sur l'Europe se font à 90 jours de vue; ils varient entre 45 à 50 denier sterling pour 1 ƒ sur Londres et entre F. 4.75 à 5.25 pour 1 ƒ sur Paris.

Les frais du port sont les suivants pour un navire français de 600 tonneaux de jauge, savoir :

Frais de Consulat.........................	ƒ	28.15
¼ agence................................	»	50.—
Frais de Port............................	»	2.70
" d'Hôpital........................	»	59.—
Baleinières.............................	»	25.—
Expertises..............................	»	34.50
Pilotage................................	»	22.—
Bateau à vapeur.........................	»	118.—
Bouées.................................	»	10.—
Insertions et Timbre....................	»	13.50
Agence.................................	»	150.—
20 Lanches (200 tonneaux) lest.........	»	120.—
	ƒ	627.85

COMPTE D'ACHAT ET DE REVIENT.

A 310 BALLES ÉCORCE DE QUILLAY

310 balles écorce de Quillay pesant 608 q^x 05 ℘ à ≢ 1.80 le q^l de 100 ℘			≢	1094.49
Commission d'achat............ 2 ½ %..................................	≢	27.36		
Commission de remboursement.. 1 %..................................	»	11.33	»	38.69
			≢	1133.18
Remboursement à 90 jours de vue sur Paris à F. 4.80 pour 1 ≢..			F.	5439.26

FRAIS AU HAVR

Fret à 27362 k° à F. 100 par 1000 k°..................................	F.	2736.20		
Frais du bord, réception, transport, arrimage, un mois de magasinage et livraison à F. 0.70 la B..................................	»	217.—		
Assurance maritime à 2 ½ % sur F. 5983.18..................................	»	149.57		
Assurance contre le feu à 1 ‰ sur F. 5983.18..................................	»	5.98		
Commission de banque à ¼ % sur F. 5439.26..................................	»	13.59		
Escompte à la vente....... 2 ¼ % Courtage de vente....... ¼ % Commission de vente.... 2 % } 4 ½ %..................................	»	403.42	F.	3525.76
			F.	8965.02

Rendement de poids : 1 quintal de 100 ℘ = 45 kilos.

Brut....................	K°	27362	
Perte en magasin ¾ %	»	205	
		27157	
Tare 90 d. pour 5 B. 56 Réfactions.............. 30 }		86	
Net K° 27071 à F. 33.11 les 100 k°....................			F. 8963.20

PRIX DE REVIENT AU HAVRE DES 100 KIL. ENTREPOT

AUX CHANGES SUIVANTS SUR PARIS

	PRIX à VALPARAISO par q^l de 100 ℘	F. 4.60 pour ≢ 1	F. 4.70 pour ≢ 1	F. 4.80 pour ≢ 1	F. 4.90 pour ≢ 1	F. 5.— pour ≢ 1	0.10 c. de différence de change font au Havre par 100 kil.
Commissions — Coût et frais variables	≢ 0.⅛	1.44	1.48	1.51	1.54	1.57	
	0.¼	2.89	2.95	3.01	3.08	3.14	
	0.⅜	4.33	4.43	4.52	4.61	4.71	
	0.½	5.78	5.90	6.03	6.15	6.28	
	0.⅝	7.22	7.38	6.53	7.69	7.84	
	0.¾	8.66	8.85	9.04	9.23	9.41	
	0.⅞	10.11	12.33	10.54	10.76	10.98	
	1.—	11.55	11.80	12.05	12.30	12.55	0.25
Coût et frais variables et invariables	≢ 1.80	32.21	32.66	33.11	33.56	34.01	0.45
	1.90	33.37	33.84	34.32	34.79	35.27	
	2.—	34.52	35.02	35.52	36.02	36.52	0.50
	2.10	35.68	36.20	36.73	37.25	37.78	
	2.20	36.83	37.38	37.93	38.48	39.03	0.55
	2.30	37.99	38.56	39.14	39.71	40.29	
	2.40	39.14	39.74	40.34	40.94	41.54	0.60
	Logarithmes des changes	115497	118007	120518	123029	125540	2510
	Frais invariables par 100 kil.	11.42	11.42	11.42	11.42	11.42	

OBSERVATIONS

F. 10 par 1000 kil. sur le fret font au Havre une différence de F. 1.06 par 100 kil.

Logarithme sans change 2.5108

On veut savoir le revient au Havre de Bois de Quillay acheté à Valparaiso à ≢ 2⅛, le quintal de 100 ℘ au change de F. 4.80 et au Fret de F. 100 par 1000 kil.

On trouvera dans la 1re et la 4e colonne de ce tableau que :

≢ 2.— font au Havre par 100 kil........	F.	35.52
» —.⅛ id. id.	»	4.52
≢ 2.⅛ feront les 100 kil........	F.	40.04

Ou par le calcul du logarithme de 25108 à × par F. 4.80 de capital = 120518

120518 à × par ≢ 2⅛, prix = ...	F.	28.62
Plus frais invariables........	»	11.42
Revient égal........	F.	40.04

Exempt de Droits

COMPTE D'ACHAT ET DE REVIENT

A 484 BARRES DE CUIVRE

484 Barres cuivre pesant 100186 ℔ à $ 14 le quintal de 100 ℔ mis à bord			$	14026.04

FRAIS A VALPARAISO

Courtage d'achat ¼ %	$	35.06		
Recevoir, surveiller, timbres, connaissement	»	25.—		
Prorata aux frais de télégramme par câble	»	20.—		
Perte d'intérêts depuis le paiement de la facture jusqu'au jour du remboursement, 20 jours à 6 % par an	»	46.88	»	126.94
			$	14152.98
Commission d'achat 2 ½ % sur $ 14152.98			»	353.82
			$	14506.80
Commission de remboursement 1 % » 14653.33			»	146.53
			$	14653.33
Remboursement à 90 jours de vue sur Paris à F. 4.80 pour 1 $			F.	70335.98

FRAIS AU HAVRE

Fret à F. 75 par 1000 k° sur 46085 k°	F.	3456.37		
Recevoir, transport, magasinage un mois et livraison, essais et menus frais à 40 c. % k°	»	184.34		
Assurance maritime 1 ½ % sur F. 77369.58	»	1160.54		
Assurance contre le feu » —.—	»	—.—		
Commission de banque ¼ % sur » 70335.98	»	175.84		
Escompte à la vente 1 ½ %				
Courtage de vente ¼ %				
Commission de vente 2 %				
Ensemble 6 ¾ % sur F. 80764.69	»	5451.62	»	10428.71
			F.	80764.69

Rendement : 100 ℔ Valparaiso = 46 kil. Havre.

46085 kil. à F. 175.25 les 100 kil. .... F. 80763.96

PRIX DE REVIENT AU HAVRE DES 100 KIL. ENTREPOT

AUX CHANGES SUIVANTS SUR PARIS

Avec la parité des changes sur Londres, calculée sur la base de 1 £ = F. 25.25

PRIX à VALPARAISO par 100 ℔ cap. en $	LONDRES 43.72 d. — PARIS F. 4.60	LONDRES 44.67 d. — PARIS F. 4.70	LONDRES 45.62 d. — PARIS F. 4.80	LONDRES 46.75 d. — PARIS F. 4.90	LONDRES 47.52 d. — PARIS F. 5.—	0.95 d. ou 10 c. de différence sur le change font au Havre par 100 kilog.
Subdivisions. — Coût et frais variables. $ 0.⅛	F. 1.42	F. 1.45	F. 1.49	F. 1.51	F. 1.55	F. 0.03
0.¼	2.84	2.90	2.97	3.03	3.09	0.06
0.⅜	4.47	4.36	4.45	4.54	4.64	0.09
0.½	5.69	5.81	5.94	6.06	6.18	0.12
0.⅝	7.11	7.26	7.42	7.57	7.73	0.15
0.¾	8.53	8.71	8.91	9.09	9.27	0.18
0.⅞	9.96	10.17	10.39	10.60	10.82	0.21
1.—	11.38	11.63	11.88	12.12	12.37	0.25
Coût et frais variables et invariables. $ 10.—	122.78	125.27	127.75	130.24	132.72	2.49
11.—	134.16	136.89	139.62	142.36	145.09	2.73
12.—	145.54	148.52	151.50	154.48	157.46	2.98
13.—	156.92	160.15	163.37	166.60	169.83	3.23
14.—	168.30	171.78	175.25	178.73	182.20	3.48
15.—	179.68	183.40	187.12	190.85	194.57	3.72
16.—	191.06	195.03	199.—	202.97	206.94	3.97
17.—	202.44	206.66	210.87	215.09	219.31	4.22
18.—	213.82	218.29	222.75	227.22	231.68	4.47
19.—	225.20	229.91	234.62	239.34	244.05	4.71
20.—	236.58	241.54	246.50	251.46	256.42	4.96
Logarithmes des changes	113800	116274	118748	121222	123696	2471
Frais invariables par 100 kil.	8.98	8.99	9.—	9.01	9.02	

OBSERVATIONS

F.10 sec par 1000 kil. sur le fret font au Havre une différence de F. 1.07 par 100 kil. sur les prix.

Logarithme sans change 2.47392

On veut savoir le revient au Havre de Cuivre en barres achetés à Valparaiso à $ 14 ½ par quintal esp., au change de F. 4.80 et au fret de F. 75 sec par 1000 kil.

On trouvera dans la 1re et la 4e colonne de ce tableau que :

$ 14.—	font par 100 kil. entrepôt	F.	175.25
—.½	id. id.		2.97
$ 14 ½	font au Havre par 100 kil. entr.	F.	178.22

Ou par le calcul du logarithme 247392 × F. 4.80 change = 118748.

118748 × 14 ½ $ prix =	F. 175.22
Plus frais invariables	9.—
Revient égal	F. 178.22

Droits de Douane Février 1878

Sous tous Pavillons .... Exempt

COMPTE D'ACHAT ET DE REVIENT

A 364 BARRES CUIVRE

364 barres cuivre pesant 74182 ℔ à $ 14 le quintal de 100 ℔ franco à bord		$ 10385.48

FRAIS A VALPARAISO

Courtage ¼ %	$ 25.96	
Recevoir, surveiller, timbre et connaissement	» 18.75	
Prorata aux frais de télégramme par câble	» 15.—	
Perte d'intérêts 20 jours à 6 %	» 34.61	» 94.32
		$ 10479.80
Commission d'achat 2 ½ % sur $ 10479.80		» 262.—
		$ 10741.80
Remboursement 1 % sur $ 10850.30		» 108.50
		$ 10850.30
Remboursement à 90 jours de vue à 45ᵈ pour 1 $		£ 2034.8.8

FRAIS A LIVERPOOL

Fret à 75295 à 50 sh. les 2240 ℔	£ 84.—8	
Déclaration, droits de quai et de ville, débarquement, surveillance, peser, livrer, Masterporterage, échantillonage et essais	» 15.19.8	
Assurance maritime 1 ⅓ % sur £ 2237.17.7	» 33.11.4	
Assurance contre le feu — — » — —	— —	
Commission de banque ¼ % » » 2034.08.8	» 5.01.9	
Escompte à la vente 2 ½ %		
Courtage de vente ½ %		
Commission de vente 2 % à 5 % sur » 2287.08.6	» 124.07.5	» 253.0.10
		£ 2287.9. 6

RENDEMENT réel : 100 ℔ Valparaiso = 101 ½ ℔ Liverpool.

75295 ℔
135 » trait 4 ℔ par 2240 ℔
75160 ℔ à £ 68.3ˢ.6ᵈ ou £ 68 ¹⁸/₁₀₀ les 2240 ℔ .... £ 2287.10.2

Le gouvernement Chilien a rendu le 12 novembre 1868 un décret qui modifie le régime d'exportation du cuivre en barres et des minerais de cuivre.

Pour le cuivre en barres et en lingots sur lequel le droit se perçoit à la valeur d'après un tarif officiel d'évaluation, l'évaluation par 100 kilog. est réduite de 30 à 20 $ et le droit perçu d'après ladite évaluation, bien qu'il reste fixé à 3 %, éprouve en réalité une diminution de 33 %. — Quant aux minerais les droits spécifiques dont ils sont passibles sont réduits :

Pour les minerais de cuivre calcin en mattes de 65 à 40 centavos les 100 kilog.
Pour les minerais de cuivre cru ou brut de 30 à 20 centavos.

PRIX DE REVIENT A LIVERPOOL DES 2240 ℔

AUX CHANGES SUIVANTS SUR LONDRES

Avec la parité des changes sur Paris, calculée sur la base de 1 £ = F. 25.25

	PRIX à VALPARAISO par 100 ℔ esp. en $	LONDRES 45ᵈ = 1 $ — PARIS F. 4.74	LONDRES 46ᵈ = 1 $ — PARIS F. 4.84	LONDRES 47ᵈ = 1 $ — PARIS F. 4.95	LONDRES 48ᵈ = 1 $ — PARIS F. 5.05	LONDRES 49ᵈ = 1 $ — PARIS F. 5.16	LONDRES 50ᵈ = 1 $ — PARIS F. 5.26	1ᵈ (F. 0.10 [illegible]) de différence change font à Liverpool par 2240 ℔
SUBDIVISIONS. — Coût et frais variables.	$ 0.⅛	£ 0.58	£ 0.59	£ 0.60	£ 0.62	£ 0.63	£ 0.64	
	0.¼	1.16	1.18	1.21	1.23	1.26	1.28	
	0.⅜	1.74	1.77	1.81	1.85	1.89	1.93	
	0.½	2.32	2.37	2.42	2.47	2.52	2.57	
	0.⅝	2.90	2.95	3.02	3.09	3.15	3.21	
	0.¾	3.48	3.54	3.63	3.70	3.78	3.85	
	0.⅞	4.06	4.13	4.23	4.32	4.41	4.50	
	1.—	4.63	4.73	4.84	4.94	5.04	5.14	£ 0.10
Coût et frais variables et invariables	$ 10.—	£ 49.65	£ 50.68	£ 51.71	£ 52.74	£ 53.77	£ 54.80	1.03
	11.—	54.28	55.41	56.55	57.68	58.81	59.94	1.13
	12.—	58.91	60.15	61.38	62.62	63.85	65.09	1.23
	13.—	63.54	64.88	66.22	67.56	68.89	70.23	1.33
	14.—	68.18	69.62	71.06	72.50	73.94	75.38	1.44
	15.—	72.81	74.35	75.90	77.44	78.98	80.52	1.54
	16.—	77.44	79.08	80.73	82.38	84.02	85.67	1.64
	17.—	82.07	83.82	85.57	87.32	89.06	90.81	1.74
	18.—	86.71	88.56	90.41	92.26	94.11	95.96	1.85
	19.—	91.34	93.29	95.25	97.20	99.15	101.10	1.95
	20.—	95.97	98.03	100.08	102.14	104.19	106.25	2.05
Logarithmes des changes		46305	47334	48363	49392	50421	51450	0.1029
Frais invariables par 2240 ℔		3.35	3.35	3.35	3.35	3.35	3.35	

OBSERVATIONS

10 s. sec par 2240 ℔ sur le fret font à Liverpool une différence de £ 0.53 par 2240 ℔ sur les prix.

Logarithme sans change 0.1029

On veut savoir le revient à Liverpool de Cuivre en barres acheté à Valparaiso à $ 14 ⅛ le quintal de 100 ℔ esp., au change de 46 d. et au fret de 50 sch. sec par 2240 ℔

On trouvera dans la 1ʳᵉ et la 3ᵉ colonne de ce tableau que :

$ 14.— font par ton. de 2240 ℔		£ 69.62
» —.⅛	id. id.	» 1.18
$ 14.⅛ feront à Liverpool les 2240 ℔		£ 70.80

Ou par le calcul du logarithme 0,1029 × 46ᵈ change = 47334.

47334 × 14 ⅛ prix =	£ 67.45
Plus les frais invariables	» 3.35
Revient égal	£ 70.80

Exempt de droits de Douane

COMPTE D'ACHAT ET DE REVIENT

A 3499 SACS NITRATE DE SOUDE

3499 sacs nitrate de soude brut, Titre 98 % pesant 9754 q¹ 97 ℘ à k° 16 par q¹ = ∮ 2 · »		∮	19509.94
Surveillance de pesage et d'embarquement, échantillonnage et titrage 10 ∮ par 1000 q¹	∮ 97.55		
Frais de titrage, échantillonnage par steamer	» 14.70		
Connaissements, port de lettres et frais	» 12.50	»	124.75
		∮	19634.69
Commission d'achat .... 2 ½ % sur 19634.69		»	490.87
		∮	20125.56
Commission de remboursement 1 % sur 20328.85		»	203.29
		∮	20328.85
Remboursement à 90 jours sur Paris à F. 4.80 la ∮		F.	97578.48
Fret à brut k°s 409,709 à 42 k° le q¹ à £ 3.5. sur les $\frac{2240\ ℘}{1015\ k°}$ à F. 25.25 £ 13 11.17.6	F. 33124.83		
Permis, livraison du bord à 25 c. par sac	874.75		
Assurance maritime 1 ¾ % sur F. 107336.33	1878.39		
Assurance contre l'incendie 1 ‰ sur F. 107336	107.34		
Commission de banque 1 % sur F. 97578.48	975.78		
Escompte à la vente .... 2 ¼			
Courtage de vente .... ¼			
Commission de vente 2			
Ensemble .... 4 ½ % sur F. 140879.13	6330.56	»	43300.65
		F.	140879.13

RENDEMENT : 1 quintal de 100 ℘ esp. net = 42 k° brut

Brut k°	409709
Tare 2 %	8194
	401515
Don 2 %	8030
	393485
Déchet au-delà de 4 %	» »
Net k°	393485 à F. 35.80 les 100 k° entrepôt F. 140867.55

Les prix du nitrate brut s'entendent le plus souvent pour titre de 93 %, la différence de qualité est réglée suivant l'échelle établie à cet objet.

90 % / 15 cts	91 / 9	92 / 4	93 / Base ∮ 2	94 / 4	95 / 9	96 / 15
∮ 1.85	1.91	1.96	|	∮ 2.04	2.09	2.15

PRIX DE REVIENT AU HAVRE DES 100 KIL. ENTREPÔT

AUX CHANGES SUIVANTS SUR PARIS

Avec la parité des changes sur Londres, calculée sur la base de 1 £ = F. 25.25

	PRIX à VALPARAISO en ∮ ou	en R^s		LONDRES 43.72 D — PARIS F. 4.60	LONDRES 44.67 D — PARIS F. 4.70	LONDRES 45.62 D — PARIS F. 4.80	LONDRES 46.57 D — PARIS F. 4.90	LONDRES 47.52 D — PARIS F. 5.—	LONDRES 0.95 D 10 c. différence — PARIS F. 0 10
SUBDIVISIONS. — Coût et frais variables.	∮ 0.12 ½	R^s	1	1.59	1.62	1.66	1.69	1.73	0.03
	0.25		2	3.18	3.25	3.32	3.39	3.46	0.07
	0.37 ½		3	4.77	4.87	4.98	5.08	5.19	0.10
	0.50		4	6.37	6.51	6.64½	6.78	6.92	0.14
	0.62 ½		5	7.96	8.13	8.30	8.47	8.65	0.17
	0.75		6	9.55	9.76	9.96	10.17	10.38	0.21
	0.87 ½		7	11.14	11.38	11.62	11.86	12.11	0.24
	1.—		8	12.74	13.01½	13.29	13.57	13.84½	0.27½
Coût et frais variables et invariables.	∮ 1 ¼	R^s	10	25.18	25.47	25.33	26.18	26.53	0.35
	1 ½		12	28.31	28.72	29.15	29.57	29.99	0.42
	1 ¾		14	31.50	31.98	32.47	32.96	33.45	0.49
	2		16	34.68	35.23	35.79½	36.35	36.91	0.55½
	2 ¼		18	37.87	38.49	39.12	39.74	40.37	0.63
	2 ½		20	41.05	41.74½	42.44	43.13½	43.83	0.69½
Logarithmes des changes		— —		12.7368	13.0157	13.2926	13.5695	13.8464	002769
Frais invariables par 100 kil.		— —		9.20	9.20½	9.21	9.21½	9.22	0.00½

OBSERVATIONS

5 sac par m/m k. sur le fret font au Havre une différence de F. 0.68 par 100 kil. sur les prix.

Logarithme sans change 2,7693 pour les prix en ∮

On veut savoir le revient au Havre de Nitrate de soude acheté à Valparaiso à ℘ 2.37 ½ le quintal et expédié d'Iquique au change de F. 4.90 et au fret de £ 3.5 les 1015 kil.

On trouvera dans la 1re et la 6e colonne que

℘ 2.25	font les 100 kil. entrepôt	F. 39.74
—.12½	id.	1.69
℘ 2.37½	feront les 100 kil. ls	F. 41.43

Ainsi le logarithme 2.7693 le change 4.90 = le logarithme correspondant à ce change 13.5695.

2 ½ × 13.5695 =	F. 32.22
à ajouter les frais invariables	9.21
Revient égal	F. 41.43

Droits de Douane les 100 kil.

Juin 1860. Exempt.

COMPTE D'ACHAT ET DE REVIENT.

A 5905 SACS NITRATE DE SOUDE

A charger à Iquique, Arica ou Pisagua, et rendu au Havre flottant aux conditions de la place.

5905 sacs Nitrate de Soude pesant net 17757 q⁸ à F. 12 ½ le quintal
Coût et fret Canal pour ordres............ F. 221963.50

À déduire :

Fret à kil. 754672 à F. 62 ½ par 1015 kil................................ » 46409.95
Remboursement à 90 jours de vue sur Paris............................ F. 175402.55

FRET ET FRAIS POUR ÉTABLIR LE PRIX DE REVIENT FLOTTANT CANAL A ORDRES

Fret ci-haut..		F.	46409.95
Frais de débarquement, pesage et livraison dans n'importe quel port..	»	625.—	
Assurance maritime incl. 10 %	1 ½ %	»	2695.62
Assurance contre le feu	½ %	»	90.69
Escompte de banque	½ %	»	877.46
Commission de banque	½ %		
Courtage de vente...................................	¼ %		
Perte d'intérêts 3 mois.............................	1 %		
Commission de vente...............................	1 %		
Ensemble..............	4 ½ %	»	10670.78	»	61635.81
		F.	237127.86

Poids délivré adopté sur le rendement de 62 ½ k° bruts
pour 1 quintal ou = 93 ⁰⁷/₁₀₀ q ang.

Brut kil....................	754672
Tare 2 %....................	15093
	739579
Don 2 %....................	14792
	724787
Déchet dépassant	
4 % = 1 %..................	7248
Net kil. 717539 à F. 33.05 les 100 kil........................... F. 237146.62

PRIX DE REVIENT FLOTTANT CANAL A ORDRES DES 100 KIL.

PRIX A VALPARAISO par quintal esp. de 100 q° coût et fret canal à ordres		
F. — ¼	F.	0.66
— ½	»	1.32
— ¾	»	1.99
1	»	2.65
10		26.43
11		29.08
12		31.73
12 ½		33.05
13		34.38
14		37.03
15		39.68
Logarithme		2.6484
Frais invariables par 100 kil, à déduire	F.	0.05

OBSERVATIONS

On veut savoir le revient flottant Canal à ordres de Nitrate, acheté à Valparaiso, chargé dans un port intermédiaire à F. 14 ½ le quintal esp. coût et fret.

On trouvera dans la 1ʳᵉ et 2ᵉ colonne que
F. 14.— sont flottant.............................. F. 37.03
— ½ .... » 1.32
F. 14.½ feront les 100 kil. flottant.............. F. 38.35

On y par le calcul du logarithme
26484 ✕ F. 14 ½ prix....................= F. 38.40
à déduire frais invariables par 100 kil.......... » —.05
Revient égal........... F. 38.35

COMPTE D'ACHAT ET DE REVIENT

A 5905 SACS NITRATE DE SOUDE

A charger à Iquique, Arica ou Pisagua et rendu à Londres flottant aux conditions Anglaises

5905 sacs Nitrate de Soude pesant net quintaux 17737 à 10 sh. par quintal coût et fret Canal F. O. .... £ 8878.10

A déduire :

Fret à 1604719 @ à Sh. 30 par 2240 @.................... » 1857.19
                                                        £ 7020.11

Remboursement sur Londres à 90 jours de vue au pair................. £ 7020.11

FRET ET FRAIS POUR ÉTABLIR LE PRIX DE REVIENT, FLOTTANT CANAL A ORDRES.

Fret ci-haut à 1604719 @ à Sh. 30 par 2240 @ .... £ 1857.19
Frais de débarquement, pesage et livraison de bord dans n'importe
    quel port à .... » 25.—
Assurance maritime incl. 10 % 1 % % sur 7738 £................ » 115.17
Assurance contre le feu   ½ % sur   »   » 3.17
Commission de banque   ½ % sur 7090 » .... » 35. 2
Escompte à la vente.......... 2½ %   » 476.15   £ 2514.10
Courtage de vente.......... ½ %   5 %
Perte d'intérêts 3 mois........ 1   %
Commission de vente.......... 1   %
                                                        £ 9535. 1

Poids délivré adopté sur le rendement de 98 %/₀₀ @ brutes pour 1 quintal ou 42½ kil.

Brut......................... 1664719 @
Draft à @ 1 par sac........... 5905 »
                              1658814 @
Tare nette 7 %/₀₀ @ par 8.... 44037 »
                              1614777 @
Déchet dépassant 5 %....... »
                              1614777 @ net à 13 %/₀₀ Sh. les 112 @   £ 9537. 5

PRIX DE REVIENT FLOTTANT CANAL A ORDRES LES 112 @ ANGLAISES.

PRIX À VALPARAISO par quintal esp. de 100 @ coût et fret canal à ordres		
Sh. — ¼	Sh. 0.38 ou D. 0/ 4
— ½	0.66	0/ 8
— ¾	0.99	1/ 0
1	1.32	1/ 4
10	13.23	13/ 3
11	14.55	14/ 7
12	15.88	15/11
13	17.20	17/ 2
14	18.53	18/ 6
15	19.85	19/10

| Logarithme | 1328 |
| Frais invariables par 112 @ à déduire | Sh. 0.02 |

OBSERVATIONS

On vous donne le revient flottant Canal à ordres, du Nitrate de Soude acheté à Valparaiso, chargé dans un port des intermédiaires à 11½ % coût et fret.

On trouvera dans la 1ʳᵉ et 2ᵉ colonne que

Sh. 11.— font flottant....................... Sh. 14.55
         ½ » .... » 0.99
Sh. 11.½ % .... Sh. 15.54
                                               = 15/7¼

Ou par le calcul du logarithme

1328 × 11 sh ½ prix .... = Sh. 15.56
à déduire frais invariables par 112 @ .... = » .02
                                                     Sh. 15.54
                                                     = 15/7

COMPTE D'ACHAT ET DE REVIENT

A 3499 SACS NITRATE DE SOUDE

Achetés à Valparaiso et chargés à Iquique, Arica ou Pisagua.

3499 sacs Nitrate de Soude pesant 9754 quintaux 97 ℔ à Rx 16 ou $ 2 par quintal de 100 ℔		$	19509.94

FRAIS A IQUIQUE

Surveillance de pesage et d'embarquement, échantillonnage et titrage $ 10 par 1000 quintaux	$ 97.55		
Echantillons par steamer, port de lettres et menus frais	» 27.20	»	124.75
		$	19634.69
Commission d'achat 2 ½ % sur $ 19634.69		»	490.87
		$	20125.56
Commission de remboursement 1 % sur 20328.85		»	203.29
		$	20328.85
Remboursement à 90 jours sur Paris à F. 4.80 pour 1 $		F.	97578.48

FRAIS A BORDEAUX.

Fret à brut kil. 409709 à £ 3.5. sec les $\frac{2240 ℔}{1015 k^s}$	£ 1311.17. 6		
à 25.25	F. 33124.83		
Permis, livraison du bord à 25 c. le sac	» 874.75		
Assurance maritime 1 ¾ % sur F. 107336.83	» 1878.39		
Assurance contre le feu 1 ‰ sur »	» 107.34		
Commission de banque 1 % sur F. 97578.48	» 975.78		
Escompte à la vente 3 % à 90 jours 4 ½ % } Courtage de vente ½ % } Commission de vente 2 % } 7 %	» 10126.63	»	47087.72
		F.	144666.20

Rendement : 1 qtl de 100 ℔ esp. = 42 kil. brut.

Brut	k. 409709	
Tare 3 %	12291	
	k. 397418	
Déchet au-delà de 4 %	—	
Net	k. 397418	à F. 36.40 les 100 kil. F. 144660.15

PRIX DE REVIENT A BORDEAUX DES 100 KIL. ENTREPOT

AUX CHANGES SUIVANTS SUR PARIS

Avec la parité des changes sur Londres, base de £ 1 = F. 25.25

PRIX à VALPARAISO en Rx ou en $		LONDRES 43.72d — PARIS F. 4.60	LONDRES 44.67d — PARIS F. 4.70	LONDRES 45.62d — PARIS F. 4.80	LONDRES 46.57d — PARIS F. 4.90	LONDRES 47.52d — PARIS F. 5.00	LONDRES 0.95d — PARIS F. 0.10 de dif. par 100 k.
[illegible]. — Coût et frais variables							
Rx 1 = $	⅛	F. 1.62	F. 1.05½	F. 1.69	F. 1.72½	F. 1.76	F. 0.03½
2	¼	3.24	3.31	3.38	3.45	3.52	0.07
3	⅜	4.86	4.96½	5.07	5.17½	5.28	0.11
4	½	6.48	6.62	6.76	6.90	7.04	0.14
5	⅝	8.10	8.27½	8.45	8.62½	8.80	0.17
6	¾	9.72	9.93	10.14	10.85	10.56	0.20
7	⅞	11.34	11.58½	11.83	12.07½	12.32	0.24
8	1—	12.96	13.24	13.52	13.80	14.08	0.28
Coût et frais var. et invariables							
10	1¼	25.55	25.90½	26.27	26.61½	26.97	0.35½
12	1½	28.79	49.21½	29.64	30.06½	30.49	0.42½
14	1¾	32.03	32.52½	33.03	33.51½	34.01	0.49½
16	2	35.27	35.83½	36.40	36.96½	37.53	0.56½
18	2¼	38.51	39.14½	39.79	40.41½	41.05	0.63½
20	2½	41.75	42.45½	43.16	43.86½	44.57	0.70½
Logarithmes des changes		16192	16544	16896	17248	17600	0.352
Frais invariables par 100 kil.		9.36	9.36½	9.37	9.37½	9.38	

OBSERVATIONS

5sh sec par $\frac{2240 ℔}{1015 kil.}$ sur le fret font à Bordeaux une différence de F. 0.69 par 100 kil. sur les prix

Logarithme dans le change 0.0352 pour les prix en Réaux

On veut savoir le revient à Bordeaux de Nitrate de Soude acheté à Valparaiso à Rx 17 ou $ 2 ⅛, chargé à Iquique, au change de F. 4.80 sur Paris et au fret de Sh. 65 sec les 2240 ℔

On trouvera dans la 1re et la 4e colonne que

Rx 16 ou $ 2 font à Bordeaux par 100 kil.	F. 36.40
» 1 » »	» 1.69
Rx 17 = $ 2 ⅛ feront à Bordeaux les 100 kil.	F. 38.09

ou par le calcul du logarithme

0.0352 × F. 4.80 change = 16896	
1.6896 × Rx 17 prix	= F. 28.72
Plus frais invariables par 100 kil.	= » 9.37
Revient égal	F. 38.09

Droits de Douane les 100 kil. en Décembre 1871.

Hors d'Europe par tous pavillons, Exempt.

COMPTE D'ACHAT ET DE REVIENT

A 5825 SACS NITRATE DE SOUDE

5825 sacs Nitrate de Soude pesant 18448 q[x] 87 ℔ à Rx 16 par 100 ℔		$	36897.74

FRAIS A IQUIQUE OU PISAGUA

Agency pour surveillance, pesage et embarquement	$	184.48		
Frais de titrage, échantillonnage par steamer	»	21.94		
Connaissements, port de lettres et menus frais	»	16.94	»	223.36
			$	37121.10
Commission d'achat 2 ½ % sur $ 37121.10			»	928.02
			$	38049.12
Commission de remboursement 1 % sur $ 38433.45				384.33
			$	38433.45
Remboursement à 90 jours de vue à 45^{d} pour $ 1			£	7206. 5. 5

FRAIS A LIVERPOOL

Fret à 726 t. 18 cw. 1 qr. 12 ℔ = 1708366 ℔ à 60^{sh} les 2240 ℔	£	2287.19. 9		
Frais de Dock et municipaux	»	78. 8.10		
Recevoir, arrimer, livraison de quai	»	99.16. 2		
Assurance maritime 1 ½ % sur £ 7927	»	118.18. 0		
Assurance contre le feu 1 % sur £ 7927	»	7.18. 6		
Commission de banque ¼ % sur £ 7206	»	18. 0. 0		
Escompte à la vente 2 ½ %				
Courtage de vente ½ %				
Commission de vente 2 %				
Ensemble 5 % sur £ 10334.3	»	516.14. 4	»	3127.17. 7
			£	10334. 3.—

RENDEMENT de poids : 100 ℔ esp. = 92.60 ℔ angl.

Brut	℔	1708366
Tare et Don	»	36908
Net	℔	1671458
Déchet dépassant 5 %		»

Net ℔ 1671458 à 13^{sh} 10^{d} le quintal de 112 ℔ .... £ 10322. 6

PRIX DE REVIENT A LIVERPOOL DES 112 ℔

AUX CHANGES SUIVANTS SUR ANGLETERRE

PRIX A VALPARAISO en Réaux par 100 ℔ 8 R. = 1 $	à 45^{d} pour $ 1 de R. 8	à 46^{d} pour $ 1 de R. 8	à 47^{d} pour $ 1 de R. 8	à 48^{d} pour $ 1 de R. 8	à 49^{d} pour $ 1 de R. 8	à 50^{d} pour $ 1 de R. 8	1^{d} de diff. par 112 ℔
R. 1	Sh. 0. 8	Sh. 0. 8	Sh. 0. 8	Sh. 0. 8	Sh. 0. 8	Sh. 0. 8.	
2	1. 4	1. 4	1. 4	1. 4	1. 4½	1. 5	
3	2. 0	2. 0	2. 0	2. 0¼	2. 1	2. 2	
4	2. 7	2. 7¾	2. 8½	2. 9¼	2.10	2.10¾	
5	3. 3	3. 4	3. 5	3. 5	3. 5	3. 6	
12	11. 3	11. 5	11. 7	11. 9	11.11	12. 1	0.2^{d}
13	11.11	12. 1	12. 3	12. 5	12. 7	12. 9	
14	12. 7	12. 9	12.11	13. 1	13. 3	13. 6	
15	13. 3	13. 5	13. 7	13. 9	13.11	14. 2	
16	13.10	14. 0¾	14. 3½	14. 6¼	14. 9	14.11¾	0.2¾
17	14. 6	14. 9	14.11	15. 2	15. 6	15. 8	
18	15. 2	15. 5	15. 7	15.10	16. 2	16. 5	
19	15.10	16. 1	16. 3	16. 6	16.10	17. 2	
20	16. 5	16. 8½	17. 0	17. 3½	17. 7	17.10½	0.3½
Logarithmes des Changes	64395	65826	67257	68688	70119	71550	1431
Frais invariables par 112 ℔	3. 6	3. 6	3. 6	3. 6	3. 6	3. 6	

OBSERVATIONS

Sh. 10 par 2240 ℔ sur le fret font une différence de 0. 6½^{d} par 112 ℔ sur les prix.

Logarithme sous le change 0,01431.

On veut savoir le revient à Liverpool de Nitrate de Soude acheté à Valparaiso à Rx 17 ou $ 2 ⅛ chargé à Iquique, au change de 46^{d} par $ sur Londres et au fret de 60 Sh. par ton. de 2240 ℔ livrées.

On trouvera dans la 1re et 3e colonne que :

Rx 17.— font à Liverpool par 112 ℔ .... Sh 14. 9

ou par le calcul du logarithme

0.01431 × 46 change = 65826

65826 × 17 Rx prix =	Sh 11. 3
plus frais invariables =	» 3. 6
Revient égal	Sh 14. 9

COMPTE D'ACHAT ET DE REVIENT

A 3775 SACS NITRATE DE SOUDE

3775 sacs Nitrate de Soude titre pur 94.335 %, pesant net 10529 quintaux 35 ℔ à Rs 14 par quintal de 95 % pur			∮	18426.36
FRAIS A IQUIQUE OU PISAGUA				
Réfaction pour moins-value de titre 0.665 à ¾ % par 1 % suivant échelle 0.49875			»	91.90
			∮	18334.46
Mise à bord à Iquique ou Pisagua	∮	105.29		
Frais de titrage, échantillons par steamer, port de lettres	»	27.21	»	132.50
			∮	18466.96
Commission d'achat 2 ½ %			»	461.67
			∮	18928.63
Commission de remboursement 1 %			»	191.20
			∮	19119.83
Remboursement sur Londres à 90 jours de vue à 45d pour 1 ∮			£	3584.19. 4
Couvert de Rotterdam à Londres à ∮ 12 pour 1 £			∮	43019.60
FRAIS A ROTTERDAM OU AMSTERDAM				
Fret £ 3.5/ sec par $\frac{2240 ℔}{1015 \text{ kil}}$ à 452762 kil. = £ 1449.14. 7, à ∮ 12	∮	17396.75		
Livraison du bord 10 c. par 100 kil	»	452.76		
Assurance maritime ∮ 47322 à 1 ½ %	»	709.83		
Assurance contre le feu ∮ 47322 à 1 %	»	47.32		
Commission de banque à Londres ∮ 43020 à 1 %	»	430.20		
Escompte à la vente 1 % et 3 mois ½ = 2½ %				
Courtage de vente ½ %				
Commission de vente sur ∮ 65322.56 2 %				
Ensemble 5 %	»	3266.10	»	22302.96
			∮	65322.56

RENDEMENT : 1 quintal de 100 ℔ esp. = 43 kil. brut du bord.

Brut	kil.	452762
Don 1 ½ %	»	6791
	kil.	445971
Sur Don 1 %	»	4460
	kil.	441511
Tare 3 %	»	13245

Net kil. 428266 à ∮ 15.25 les 100 kil ∮ 65310.56

PRIX DE REVIENT EN HOLLANDE DES 100 KIL. ENTREPOT

AUX CHANGES SUIVANTS SUR LONDRES

1 £ = ∮ 12.

PRIX à IQUIQUE ou PISAGUA en Rx par quintal de 100 ℔ esp.	45 D pour ∮ 1 sur LONDRES	46 D pour ∮ 1 sur LONDRES	47 D pour ∮ 1 sur LONDRES	48 D pour ∮ 1 sur LONDRES	49 D pour ∮ 1 sur LONDRES	50 D pour ∮ 1 sur LONDRES	1 D de différence par 100 kil.
([illegible] — Coût et frais variables.) Rx 0.— ¼	∮ 0.19	∮ 0.20	∮ 0.20	∮ 0.20	∮ 0.21	∮ 0.21	∮ 0.—
0.— ½	0.39	0.39	0.40	0.41	0.42	0.43	0.—
0.— ¾	0.58	0.59	0.60	0.61	0.63	0.64	0.—
1.—	0.77	0.78¾	0.80¼	0.82¼	0.84	0.85¾	0.01¾
10.—	12.17	12.34	12.51	12.68	12.85	13.02	0.17
11.—	12.94	13.13	13.31½	13.50	13.69	13.88	0.19
12.—	13.71	13.91	14.12	14.32	14.53	14.73	0.20½
13.—	14.48	14.70	14.92½	15.15	15.37	15.59	0.22
(Coût et frais variables et invariables) Rx 14.—	15.25	15.49	15.73	15.97	16.21	16.45	0.24
15.—	16.02	16.28	16.53½	16.79	17.05	17.31	0.26
16.—	16.79	17.06	17.34	17.61	17.89	18.16	0.27½
17.—	17.56	17.85	18.14½	18.44	18.73	19.02	0.29
18.—	18.33	18.64	18.96	19.26	19.57	19.88	0.31
19.—	19.10	19.43	19.75½	20.08	20.41	20.74	0.33
20.—	19.87	20.21	20.56	20.91	21.25	21.59	0.34½
Logarithmes des changes	0.7704	0.7875	0.8046	0.8217	0.8388	0.8559	0.0171
Frais invariables par 100 kil.	∮ 4.47	4.47	4.47	4.47	4.47	4.47	0.—

OBSERVATIONS

Sh. 5 sec par $\frac{2240 ℔}{1015 \text{ kil.}}$ sur le fret font une différence de ∮ 0.33c par 100 kil. sur les prix.

Logarithme sans le change 0.01712.

On veut savoir le revient à Amsterdam du Nitrate de Soude acheté à Valparaiso à Rx 17 ½ ou ∮ 2.18 ¾ par quintal et chargé à Iquique, au change de 45d par ∮ sur Londres et chargé au fret de Sh. 65 par 2240℔ livrées.

On trouvera dans la 1re et la 2e colonne que

Rx 17 ½ font à Amsterdam par 100 kil	∮	17.56
» —. ½ id id.	»	0.39
Rx 17 ½ feront à Amsterdam ou à Rotterdam les 100 kil	∮	17.95

ou par le calcul du logarithme :

0.01712 × 45 change = 07704

07704 × Rx 17 ½ prix	= ∮	13.48
plus frais invariables par 100 kil	= »	4.47
Revient égal	= ∮	17.95

COMPTE D'ACHAT ET DE REVIENT

A 3000 SACS NTRATE DE SOUDE RAFFINÉ TITRE 96 %

3000 sacs Nitrate de Soude raffiné titre 96, pesant net 10562 qtx 88 ℘ à Rx 16 ou $ 2 par 100 ℘ .... $ 21125.76

FRAIS A IQUIQUE

Surveillance de pesage et d'embarquement, titrage........	$	129.60	
Pour différence de sacs toiles à 3 c. par quintal........	»	316.07	» 445.67
			$ 21571.43
Commission d'achat 2 ½ %........			» 539.28
			$ 22110.71
Commission de remboursement 1 %........			$ 223.34
			$ 22334.05
Remboursement à 90 jours de vue sur Londres à 45ᵈ pour 1 $........			£ 4187.12. 8
à F. 25.25 pour 1 £........			F. 105737.70
à F. 400 = $ 189........			$ 49961.05

FRAIS A ANVERS

Fret 60ˢʰ sec par $\frac{2240 ℘}{1015 \text{ kil.}}$ livrés = 446387 kil. $\frac{£\ 1319.7.5}{F.\ 33314.10}$........	$	15740.90	
Déclaration, débarquement et pesage, réparation des sacs et livraison du quai à 15ᶜ par sac........	»	450.—	
Assurance maritime 1 ½ % sur $ 54957.15........	»	824.36	
Assurance contre le feu 1 ‰ sur $ 54957.15........	»	54.96	
Commission de banque 1 % sur $ 49961.05........	»	499.61	
Escompte à la vente 4 mois et 20 jours. 2 ¼			
Courtage de vente........ ¾ %			
Commission de vente........ 2 %			
Ensemble........ 5 % sur $ 71085.13....	»	3554.25	» 21124.08
			$ 71085.13

Rendement réel : 1 quintal de 100 ℘ = 42.26 kil.

Brut........ kil. 446387
Tare 2 %........ » 8928
Net kil. 437459 à $ 16.25 les 100 kil........ $ 71067.09

PRIX DE REVIENT A ANVERS DES 100 KIL.

AUX CHANGES SUIVANTS SUR LONDRES

	PRIX à IQUIQUE en Rx par quintal	45 D pour $ 1	46 D pour $ 1	47 D pour $ 1	48 D pour $ 1	49 D pour $ 1	50 D pour $ 1	1 D de diff. p. 100 kil.
[illegible] — Coût et frais variables	Rx 1.—	$ 0.75½	$ 0.77¼	$ 0.78¾	$ 0.80¼	$ 0.82¼	$ 0.84	$ 0.02
	2.—	1.51	1.54	1.57	1.60	1.63	1.68	0.03
	3.—	2.26	2.31	2.36	2.41	2.46	2.54	0.05
	4.—	3.02½	3.09	3.15½	3.22	3.28½	3.35	0.06½
	5.—	3.78	3.86	3.94	4.02	4.10	4.19	0.08
	6.—	4.53	4.63	4.73	4.83	4.93	5.03	0.10
	7.—	5.29	5.40	5.51	5.62	5.73	5.85	0.11
	8.—	6.05	6.18	6.31	6.44	6.57	6.70	0.13
Coût et frais variables et invariables	Rx 10.—	11.70¾	11.88¼	12.05¾	12.23¼	12.40¾	12.58¼	0.17½
	11.—	12.46	12.65	12.84	13.04	13.23	13.42	0.19
	12.—	13.22	13.42¾	13.63½	13.84¼	14.05	14.25¾	0.20¾
	13.—	13.97	14.20	14.42	14.65	14.88	15.10	0.23
	14.—	14.73	14.97	15.21	15.45	15.70	15.94	0.24
	15.—	15.48	15.74	16.00	16.26	16.52	16.78	0.26
	16.—	16.24½	16.51¾	16.79	17.06¼	17.33½	17.60¾	0.27¼
	17.—	17.00	17.29	17.58	17.87	18.16	18.45	0.29
	18.—	17.75	18.06	18.36	18.67	18.98	19.29	0.30½
	19.—	18.51	18.83	19.15	19.48	19.80	20.13	0.32
	20.—	19.27	19.60¾	19.94½	20.28¼	20.62	20.95¾	0.33¾
	Logarithmes des changes	75600	77280	78960	80640	82320	84000	1680
	Frais invariables par 100 kil.	$4.15	$4.15½	$4.16	$4.16½	$4.17	$4.17½	

OBSERVATIONS

5ˢʰ sec par $\frac{2240 ℘}{1015 \text{ kil.}}$ sur le fret font à Anvers une différence de $ 0.31 ½ par 100 kil. sur les prix.

Logarithme sans change 0,01680

On veut savoir le revient à Anvers du Nitrate de Soude acheté à Valparaiso et chargé à Iquique, payé à Rx 17 ou $ 2 ⅛, au change de 46ᵈ pour $ 1 sur Londres, et au fret de 60 Sh. sec par $\frac{2240 ℘}{1015 \text{ kil.}}$.

On trouvera dans la 1ʳᵉ et la 3ᵉ colonne que : Rx 17.— ou $ 2⅛ font à Anvers par 100 kil. = $ 17.29

ou par le calcul du logarithme :

0.01680 × 46ᵈ change = 77280.
77280 × 17 Rx prix........ = $ 13.13¼
Plus frais invariables........ = » 4.15½
Revient égal........ $ 17.29

COMPTE D'ACHAT ET DE REVIENT

A 4146 SACS NITRATE DE SOUDE

4146 sacs Nitrate de Soude pesant 11885 quintaux 63 ℔ à Rx 16 ou ₤ ƒ 2 les 100 ℔ . ƒ   23707.26

FRAIS A IQUIQUE

Surveillance de pesage et d'embarquement, titrage, etc.	»	141.47
Commission d'achat 2 ¼ % sur ƒ 23808.73	ƒ	23908.73
	»	597.72
	ƒ	24506.45
Commission de remboursement 1 % sur ƒ 24753.99	»	247.54
	ƒ	24753.99
Remboursement à 90 jours de vue sur Londres à 45ᴬ pour 1 ₤	£	4641. 7. 6
à 100 ₤ = ₰ 615	₰	28544.32

FRAIS A BRÊME

Fret à 60ᵗʰ sec par 2240 ℔/2082 ℔ livrées à 1010108 ℔ de Brême	£	1491.6	
A 615 ₰	₰	9171.36	
Réception de bord et livraison à Bremerhaven à 3½ gt par sac	»	901.89	
Assurance maritime à 1 ½ % sur ₰ 31308.64	»	470.71	
Assurance contre le feu 1 ⅒ % sur ₰ 31308.04	»	31.29	
Commission de banque à Londres 1 %	»	285.82	
Escompte à la vente pour 6 mois ... 3 %			
Courtage de vente ... ½			
Droits locaux ... ½			
Commission de vente ... 2			
Ensemble ... 6 %	2470.39	»	12631.30
		₰	41175.62

RENDEMENT de poids : 1 quintal de 100 ℔ = 85 ℔ brutes de Brême.

Brut. ℔	1010108	
Tare 6 ℔ »	16584	
Net ℔	993524 à ₰ 4.14 ½ les 100 ℔	₰ 41163.41

PRIX DE REVIENT A BRÊME DES 100 ℔

AUX CHANGES SUIVANTS SUR LONDRES

PRIX à IQUIQUE par 100 ℔ esp. en Rx	45 D pour ₤ ƒ 1	46 D pour ₤ ƒ 1	47 D pour ₤ ƒ 1	48 D pour ₤ ƒ 1	49 D pour ₤ ƒ 1	50 D pour ₤ ƒ 1	1 D de diff. p. 100 ℔
Rx 1.—	₰ 0.19	₰ 0.20	₰ 0.20	₰ 0.21	₰ 0.21	₰ 0.22	₰ 0.01
2.—	0.39	0.40	0.41	0.42	0.43	0.44	0.01
3.—	0.58	0.60	0.61	0.63	0.64	0.66	0.02
4.—	0.78	0.80	0.82	0.84	0.86	0.88	0.02
5.—	0.97	1.00	1.02	1.05	1.07	1.10	0.03
6.—	1.17	1.20	1.23	1.26	1.29	1.32	0.03
7.—	1.36	1.40	1.43	1.47	1.50	1.54	0.04
8.—	1.56	1.60	1.64	1.68	1.72	1.76	0.04
10.—	2.97	3.01	3.05	3.09	3.13	3.17	0.04
11.—	3.16	3.21	3.25	3.30	3.34	3.39	
12.—	3.36	3.41	3.46	3.51	3.56	3.61	0.05
13.—	3.55	3.61	3.66	3.72	3.77	3.83	
14.—	3.75	3.81	3.87	3.93	3.99	4.05	0.06
15.—	3.94	4.01	4.07	4.14	4.20	4.27	
16.—	4.14	4.21	4.28	4.35	4.42	4.49	0.07
17.—	4.33	4.41	4.48	4.56	4.63	4.71	
18.—	4.53	4.61	4.68	4.77	4.85	4.93	0.08
19.—	4.72	4.81	4.89	4.98	5.06	5.15	
20.—	4.92	5.01	5.10	5.19	5.28	5.37	0.09
Logarithmes des changes	195165	196602	203839	208170	212573	216850	
Frais invariables par 100 ℔	₰ 1.02	₰ 1.02	₰ 1.02	₰ 1.02	₰ 1.02	₰ 1.02	

OBSERVATIONS

Sh. 5 sec par 2240 ℔/2082 kil. sur le fret font à Brême une différence de 0.06 ₰ par 100 ℔ sur les prix.

Logarithme sans le change 0.094337.

On veut savoir le revient à Brême de Nitrate de Soude d'Iquique, payé à Valparaiso Rx 17 ou ƒ 3¼ par quintal esp., au change de 45ᵈ pour ƒ 1 sur Londres et chargé au fret de 60ᵗʰ sec par 2240 ℔ livrées.

On trouvera dans la 1ʳᵉ et 2ᵉ colonne que :

Rx 17 ou ƒ 3¼ font par 100 ℔ à Brême	₰	4.41
Rx 17	id.	id. ₰	4.41

ou par le calcul du logarithme :

0.094337 ⋉ 45 change = 195602		
195602 ⋉ Rx 17 prix	=	₰ 3.39
Plus frais invariables	=	» 1.02
Revient égal		₰ 4.41

COMPTE D'ACHAT ET DE REVIENT

A 5340 SACS NITRATE DE SOUDE

5340 sacs Nitrate de Soude pesant net 16363 qtx 20 ₰ à Rˢ 16 ou $ 2 par 100 ₰		$	32720.40

FRAIS A PISAGUA

Surveillance de pesage et embarquement, titrage	$ 157.80		
Bonification pour meilleur emballage à 3ᶜ par quintal	» 490.07	»	647.87
		$	33374.27
Commission d'achat 2 ½ %		»	834.36
		$	34208.63
Commission de remboursement 1 %		»	345.54
		$	34554.17
Remboursement à 90 jours sur Londres à 45ᵈ		£	6478.18. 2
Couvert de Hambourg à Londres à Mbᵒ 13.8 par £		Mbᵒ	87465. 4

FRAIS A HAMBOURG

Fret à 60ˢʰ sec par $\frac{2240 \text{ ₰ angl.}}{2032 \text{ ₰ hamb}}$ sur 1390872 ₰ = £ 2053.9 à 13.8	Mbᵒ 27721.9		
Recevoir et livraison du bord à 2ˢʰ le sac	» 667. 8		
Assurance maritime inclus 10 %, 1 ½ % sur Mbᵒ 96211.12	» 1443. 3		
Assurance contre le feu 1 ‰ sur Mbᵒ 96211.12	» 96. 4		
Commission de banque à Londres 1 % sur Mbᵒ 87465.4	» 874.10		
Escompte à la vente 2 ¾ %			
Courtage de vente 1 %			
Droits locaux ¼ %			
Commission de vente 2 %			
Ensemble 6 % sur Mbᵒ 125817.6	» 7549.—	»	38352. 2
		Mbᵒ	125817. 6

RENDEMENT : 1 quintal de 100 ₰ esp. = 85 ₰ brutes.

Brut	₰ 1390872		
Tare à 4 ₰	» 21360		
Net ₰ 1369512 ₰ à Mbᵒ 9.3 les 100 ₰		»	125823. 5

PRIX DE REVIENT A HAMBOURG DES 100 ₰ ENTREPOT

AUX CHANGES SUIVANTS SUR LONDRES

1 £ = Mbᵒ 13.8

	PRIX à VALPARAISO en $ ou en Rx		45 D sur LONDRES	46 D sur LONDRES	47 D sur LONDRES	48 D sur LONDRES	49 D sur LONDRES	1 D de diff. p. 100 ₰
[illegible] — Coût et frais variables	$ 0.12½	Rx 1.—	Mbᵒ 0.06¾	Mbᵒ 0.07	Mbᵒ 0.07¼	Mbᵒ 0.07½	Mbᵒ 0.07¾	
	0.25	2.—	0.13½	0.14	0.14½	0.15	0.15½	
	0.37½	3.—	1.04¼	1.05	1.05¾	1.06½	1.07¼	
	0.50	4.—	1.11	1.12	1.13	1.14	1.15	
	0.62½	5.—	2.01¾	2.03	2.04¼	2.05½	2.06¾	
	0.75	6.—	2.08½	2.10	2.11½	2.13	2.14½	
	0.87½	7.—	2.15¼	3.01	3.02¾	3.04½	3.06¼	
	1.—	8.—	3.06	3.08	3.10	3.12	3.14	0.02
Coût et frais variables et invariables	1.25	10.—	6.10½	6.11½	6.12½	6.13½	6.14½	
	1.50	12.—	7.06	7.09½	7.11	7.12½	7.14	0.01½
	1.75	14.—	8.05½	8.07½	8.09½	8.11½	8.13½	
	2.—	16.—	9.03	9.05½	9.08	9.10½	9.13	0.02½
	2.25	18.—	10.—½	10.03½	10.06½	10.09½	10.12½	
	2.50	20.—	10.14	11.01½	11.05	11.08½	11.12	0.03½
Logarithmes des changes			342315	349922	357529	365136	372743	
Frais invariables par 100 ₰			Mb2.05½	Mb2.05½	Mb2.05½	Mb2.05½	Mb2.05½	

OBSERVATIONS

5ˢʰ sac par $\frac{2240 \text{ ₰ angl.}}{2032 \text{ ₰ hamb.}}$ sur le fret font à Hambourg une différence de 0 03 par 100 ₰ sur les prix.

Logarithme sous change 0.07607 pour les prix en $

On veut savoir le revient à Hambourg de Nitrate de Soude acheté à Valparaiso à $ 2 ⅛ ou Rx 17 par quintal, chargé à Iquique, au change de 46ᵈ par $ sur Londres et au fret de 60ˢʰ sec par 2240 ₰ livrées.

On trouvera dans la 1ʳᵉ et 3ᵉ colonne que :

$ 2— ou Rx 16 font à Hambourg p. 100 ₰	Mbᵒ 9.5.½
» ⅛ » 1 » » » »	» 0.7.
$ 2⅛ ou Rx 17 feront à Hambg les 100 ₰	Mbᵒ 9.12½

ou par le calcul du logarithme :

0.07607 × 46ᵈ change = 349922	
3.49922 × $ 2⅛ prix	= Mbᵒ 7. 7
Plus frais invariables par 100 ₰	= » 2. 5½
Revient égal	Mbᵒ 9. 12½

PÉROU

La République du Pérou est comprise entre les degrés 10.22 de lat. sud et 71.83 de long. ouest du méridien de Paris. Elle est bornée au nord par les Républiques de l'Equateur et de la Nouvelle-Grenade (Etats-Unis de Colombie), à l'est par l'Empire du Brésil, au sud-est et au sud par la République de Bolivie, à l'ouest par l'Océan Pacifique.

La superficie du Pérou, calculée sur les limites qui précèdent, doit être approximativement de 1,603,740 kilomètres carrés.

La République est traversée dans toute sa longueur, du nord-ouest au sud-est, par la chaîne des Andes, ramifiée en deux branches ou rameaux, habituellement désignées sous le nom de Cordillère orientale et Cordillère occidentale. Le pays se trouve ainsi divisé physiquement en trois zones distinctes : la Côte (Costa) comprise entre la Cordillère occidentale et l'Océan Pacifique ; le Plateau (Sierra) compris entre les deux rameaux des Andes et la Montaña, région des bois, encore fort peu explorée et habitée en grande partie par des tribus sauvages. Cette dernière zone comprend tout le territoire situé entre la Cordillère orientale et le Brésil.

Les eaux de la Costa se déversent dans le Pacifique ; la Sierra et la Montaña, appartenant au bassin des Amazones, sont tributaires de l'Océan Atlantique.

La population ne peut être évaluée qu'approximativement, faute de documents statistiques complets. On l'estime aujourd'hui 1870, à trois millions et demi d'habitants. Celle de Lima, capitale du Pérou et siège du gouvernement, est portée à 125 mille âmes par les dernières publications administratives. La République est divisée politiquement en 16 départements, une province constitutionnelle et une province littorale, savoir :

		chef-lieu	
1	Amazones		Chachapoyas
2	Ancachs	—	Huaraz
3	Arequipa	—	Arequipa
4	Ayacucho	—	Ayacucho
5	Cajamarca	—	Cajamarca
6	Cuzco	—	Cuzco
7	Huancavelica	—	Huancavelica
8	Huanuco	—	Huanuco
9	Ica	—	Ica
10	Junin	—	Cerro de Pasco
11	Libertad	—	Trujillo
12	Lima	chef-lieu	Lima
13	Loreto	—	Moyobamba
14	Moquigua	—	Tacna
15	Piura	—	S. Miguel de Piura
16	Puno	—	Puno
La province constitutionnelle Callao	—	Callao	
La province littorale de Tarapaca	—	Tarapaca	

Les villes les plus importantes sont, après Lima, le Callao, port de la capitale, dont la population, composée surtout d'éléments flottants, s'élève à environ 20,000 âmes ; le Cuzco environ 27,000, Aréquipa, 35,000 ; Cajamarca 20,000 ; Cerro de Pasco 18,000 ; Tacna qui avant le tremblement de terre de 1868 et l'épidémie de fièvre-jaune de 1869, pouvait avoir une population de 12,000 âmes, n'en compte pas aujourd'hui plus de 6 à 7,000.

Gouvernement. La constitution actuellement en vigueur au Pérou est celle de 1860 ; une nouvelle loi fondamentale a cependant été votée en 1867, mais elle n'est pas encore appliquée. Aux termes de la loi de 1860, le pouvoir exécutif est confié à un président élu pour quatre ans par la voie du suffrage universel ; un sénat et une chambre de députés se partagent le pouvoir législatif, une cour suprême représente le pouvoir judiciaire.

Le président est provisoirement remplacé, en cas de mort ou d'empêchement, par un premier et un deuxième vice-présidents élus en même temps que lui et de la même façon. Il nomme les ministres, et n'est justiciable que du congrès. Dans l'intervalle des sessions, le pouvoir législatif est représenté auprès de lui par une commission permanente dont les attributions se bornent à lui adresser les avertissements, sans pouvoir arrêter l'exécution de ses actes.

Le congrès est élu par le suffrage universel sur la base d'un député par 20,000 habitants. Une fois les députés réunis, on en désigne par la voie du sort deux par département pour composer le Sénat. La durée de chaque législature est de quatre ans ; les sessions ont lieu tous les deux ans, au mois de juillet, sauf la nécessité reconnue en conseil des ministres de convoquer le congrès en session extraordinaire.

La cour suprême se compose d'un président élu dans son sein pour un an ; d'un vice-président ; de six conseillers (vocales) et de deux procureurs généraux (fiscales). Les membres de la cour suprême sont nommés par le Président de la République, sauf ratification de son choix par le congrès.

La justice est rendue par les juges de paix dans tous les chefs-lieux de district ; des tribunaux de première instance siègent dans les préfectures et sous-préfectures. Les appels des jugements de ces tribunaux sont portés devant les cours supérieures, qui sont au nombre de dix et résident à Lima, Arequipa, Ayacucho, Cajamarca, Cerro de Pasco, Cuzco, Arica, Trujillo, Huaras et Puno.

L'examen des arrêts des cours supérieures est déféré à la cour suprême.

La religion catholique est la religion de l'État. L'exercice de tous les autres cultes est d'ailleurs autorisé par la constitution, pourvu qu'il n'offense ni la religion de l'Etat ni les mœurs.

L'enseignement supérieur est confié à l'université de San Marcos, la plus ancienne du continent américain. Elle comprend quatre facultés ; jurisprudence, lettres, sciences et médecine, l'enseignement de la théologie ressortit à l'archevêché de Lima.

L'état entretient en outre des collèges dans la plupart des villes importantes. Quelques efforts ont été faits, dans ces dernières années, pour l'établissement d'écoles primaires gratuites. Ces résultats cependant laissent beaucoup à désirer, si ce n'est à Lima, où grâce à l'initiative de la municipalité et de la Bienfaisance (Beniticencia), l'éducation populaire a pris un assez grand essor.

Finances. Le budget du gouvernement péruvien est établi pour une période de deux années. Les recettes et dépenses prévues de l'exercice 1869-1870 sont les suivantes :

RECETTES

Douanes	Soles	7.968.000
Contributions directes	»	467.000
Timbre	»	400.000
Poste	»	285.000
Rentrées éventuelles	»	120.000
Diverses	»	290.600
Montepio (caisse des retraites)	»	180.000
Emprunt de 1868	»	2.640.000
Consignations du guano	»	32.392.500
Total	Soles	44.723.100

DÉPENSES

Intérieur, police et travaux publics	Soles	13.834.004 52
Justice et instruction publique	»	4.632.323 22
Relations extérieures	»	409.092 22
Finances et commerce	»	25.219.844 18
Amortissement de la dette 1868...)	»	10.870.761 96
Guerre et Marine	»	
Total	Soles	54.945.986 50

D'après les évaluations du ministre des finances, la dette publique du Pérou s'élevait au 1er Janvier 1869 à 62.225.550 soles ainsi répartis :

Intérieur	Soles	4.737.800
Extérieur	»	41.803.750
Avances des consignataires du guano	»	15.684.000
Total	Soles	62.225.550
Soit environ	F.	310.060.000

Monnaies, Poids et Mesures. L'unité monétaire est le sol, dont la valeur varie de F. 4.75 à F. 4.85. Il se divise en 100 centavos. La pièce de 10 centavos qui porte le nom de réal, et celle de 20 centavos ou peseta, en sont les divisions les plus usitées. La république frappe aussi des monnaies d'or de 20, 10 et 5 soles.

La piastre bolivienne ou peso, dont la valeur est d'environ F. 3.85, est aussi fort répandue, mais ne tardera pas à disparaître par suite des mesures prises par le gouvernement de Bolivie, qui vient d'adopter un système monétaire analogue à celui du Pérou.

Le système décimal des poids et mesures a été adopté en principe et commence à être employé, surtout dans la capitale.

Les anciennes mesures espagnoles sont cependant encore d'un usage plus répandu ; ce sont :

UNITÉ DE POIDS.

La livre, qui vaut 460 grammes 88.
L'arrobe, 25 livres.
Le quintal, 4 arrobes.
La livre se divise en 16 onces.

UNITÉ DE LONGUEUR.

La vare, qui vaut 84 centimètres.
La lieue, 6.666 vares ou 5.466 mètres environ.

UNITÉ DE CAPACITÉ

Le gallon, qui vaut environ 4 litres.

Le Pérou produit, quoique en petite quantité, par suite du manque de bras, à peu près toutes les denrées tropicales : sucre, café, tabac, coton, etc., etc. Le quinquina, le coco, la vanille, la cannelle, la muscade, les bois d'ébénisterie, la salsepareille, etc., se rencontrent en abondance dans la Montana, où ils croissent spontanément, mais ne peuvent être exploités en grand faute de moyens faciles de communications.

Le plateau de la Sierra est propre, par suite de son altitude, à la plupart des cultures des pays tempérés. On y trouve aussi des gisements métallifères, mais la plupart ne sont pas exploités, par cette raison qu'il faudrait un rendement exceptionnel pour couvrir les frais énormes du transport et de la main d'œuvre. Les mines d'argent du Cerro de Pasco, et quelques autres moins importantes, sont seules aujourd'hui en cours d'exploitation régulière.

La Costa serait propre, comme la Montana, à la plupart des cultures des terres chaudes, si son extrême sécheresse et l'absence totale de pluie ne s'opposaient à l'extension des défrichements ; quelques parties plus favorisées, sous le rapport des irrigations, produisent du sucre, du coton, de la cochenille, de la soie, des vins fort estimés et très-capiteux, etc., etc. Enfin, c'est dans cette dernière zone et sur des îles éparses, dans les eaux péruviennes, que se rencontrent les gisements de guano, de borate de chaux et de nitrate de soude. Quelques mines d'argent autrefois célèbres, telles que Santa-Rosa et Huantajaya, dans la province de Tarapaca, appartiennent également à la Costa, mais sont abandonnées à présent.

Un fait intéressant à noter, c'est que malgré sa richesse et le petit nombre relatif de ses habitants, le Pérou ne suffit pas à sa consommation. Il est obligé d'emprunter à l'étranger, particulièrement au Chili et aux Etats-Unis, une partie des articles de première nécessité. La cherté de la vie à Lima et dans la presque totalité du Pérou, dépend, dans une certaine mesure, de cette infériorité de la production à la consommation.

On ne saurait, faute de documents statistiques sérieux, donner une idée même approximative, du commerce intérieur ou extérieur du Pérou en général. Quelques travaux spéciaux nous fournissent cependant les données suivantes sur le mouvement des principaux ports :

Port de Callao (1869). Entrées : 2,073 navires jaugeant 1,358,902 tonneaux ; équipages, 44,636 hommes. Sorties : 2,140 navires jaugeant 1,389,646 tonneaux ; équipages, 44,729 hommes.

Dans ces chiffres, le pavillon français figure à l'entrée pour 139 navires jaugeant ensemble 75,768 tonneaux et portant 2,424 hommes d'équipage ; à la sortie, pour 141 navire jaugeant 76,978 tonneaux, avec 2,460 hommes d'équipage.

Les importations soumises aux droits de douane, présentent environ 80 millions de francs. Beaucoup de marchandises entrent d'ailleurs en franchise, et il est impossible d'en fournir un relevé. Tels sont les charbons, les machines, rails et instruments aratoires, les livres scientifiques, etc., etc. Si l'on tient compte, d'un autre côté, de la contrebande, qui s'exerce sur une assez grande échelle, on peut, sans exagération, estimer à 120 millions de francs la valeur des marchandises introduites sur le marché péruvien par le port de Callao en 1869.

L'exportation porte principalement sur le guano : elle s'est élevée, dans le cours de l'année dernière, à 513,884 tonnes.

Les autres productions du pays peuvent, à première vue, en s'ajoutant au guano, balancer le chiffre des importations, et dès lors, il est possible d'évaluer le mouvement total du port de Callao à 240 millions.

Port d'Arica (1869). — Entrées : 212 navires jaugeant 205,517 tonneaux. Sorties : 218 navires jaugeant 208,975 tonneaux.

Le pavillon français n'a figuré, dans les entrées du port d'Arica, en 1869, que pour dix navires. Il est d'ailleurs, fort difficile de déterminer la part du Pérou dans le mouvement commercial du port d'Arica. C'est par cette voie que se fait tout le commerce de la Bolivie ; la plupart des marchandises débarquées à Arica, sont transportées par le chemin de fer à Tacna, d'où elles sont dirigées, à dos de mulet, sur le Pas de Ayacucho, actuellement capitale de la République du Haut-Pérou.

Comme les exportations de cette contrée sont à peu près nulles, Arica ne fournit point de fret de retour aux vaisseaux qui s'y rendent. Ceux-ci vont en conséquence compléter leur chargement au Callao, à Islay, à Pisagua, à Iquique, et quelquefois même au Chili ; ce qui explique l'importance relative du commerce de cabotage qui s'effectue entre Arica et plusieurs points du littoral.

Le port de Payta (département de Piura) a donné abri, pendant 1869, à 228 navires d'une jauge de 181,190 tonneaux. La marine française est représentée dans ce total par 14 navires. jaugeant ensemble 7,452 tonneaux.

Payta n'est, du reste, pour la plupart des bâtiments, qu'une relâche de ravitaillement. Le commerce de la province se réduit à la production des cuirs, des oreilles et des cotons et à l'exportation de viande de boucherie pour l'alimentation de Lima.

Pisco est le point de chargement des navires qui embarquent les produits du département d'Ica, l'un des plus fertiles du Pérou. Ce sont des cotons, eaux-de-vie, cochenille, vins, sucres, etc., etc., dont l'exportation atteint annuellement une valeur totale de 20 millions de francs environ.

Le port d'Iquique (province de Tarapaca) a acquis, depuis quelques années, une grande importance, par suite de la proximité des gisements de nitrate de soude et de borate de chaux, dont l'exploitation augmente tous les ans. L'extraction a donné, en 1869, 115,000 tonnes de nitrate de soude et 2,400 tonnes de borate de chaux qui, ajoutées à une petite quantité de vins et de fromages provenant des quebradas de Pica et de Tarapaca, représentent 30 millions de francs, valeur à la sortie.

Les importations, presque toutes de provenance chilienne, et consistant en charbon de terre, grains, bêtes de somme, sacs pour l'emballage des nitrates et des borates, vivres, spiritueux, tissus etc., etc., atteignent une valeur totale de 20 à 22 millions de francs.

Le pavillon français a figuré, dans les entrées du port d'Iquique, pendant l'année 1869 pour 21 navires, jaugeant 11,376 tonneaux et dans les sorties pour 18 navires jaugeant 9,497 tonneaux. Les exportations de nitrate de soude d'Iquique et port voisins se sont élevées, pendant les dernières années, comme suit :

Pour :		1867	1868	1869	1870	1871
Angleterre	quint.	787,553	734,398	523,748	597,131	785,396
La France	»	349,814	270,070	362,957	297,115	58,043
La Manche à ordres	»	1,111,229	699,485	1,354,587	1,466,212	3,192,203
Etats-Unis	»	188,889	189,370	270,572	444,204	328,454
L'Allemagne	»	52,447	45,449	82,105	111,929	180,988
Chili et la Côte	»	2,371	6,400	11,597	5,321	13,811
La Californie	»	32,597	7,346	20,786	15,100	22,187
Italie	»	7,600	10,990	—	—	—
La Belgique	»	26,850	—	23,279	12,200	—
Autriche	»	10,917	—	—	—	—
La Chine	»	—	—	30,440	—	—
Les Antilles	»	—	—	7,185	—	—
Espagne	»	—	—	—	40,643	14,986
Portugal	»	—	—	—	—	22,001
Hollande	»	—	—	—	33,438	47,537
		quint. 2,550,237	1,906,603	2,507,032	2,943,413	3,005,906

Les Maisons suivantes ont opéré les exportations en 1869 :

J. Gildemeister & Cᵉ................................	601,674 quintaux
Tarapaca Comp. de Nitrate de Soude................	388,531 »
G. C. Hilliger....................................	413,575 »
J. S. Jones......................................	162,638 »
José Maria Gonsales Velez........................	151,580 »
Lafuente y Solrino...............................	125,200 »
Scruco & Cᵉ.....................................	122,349 »
Louis Martinez Velarde...........................	80,320 »
Pedro Bargmann..................................	48,449 »
Deviscovi et Scarelli............................	95,447 »
Leyons Hermanos.................................	70,060 »
Pedro Perfetti...................................	45,934 »
Deves frères.....................................	24,390 »
Juan Nalroo.....................................	8,016 »
Divers..	47,349 »
	2,507,062 quintaux.

Un traité, en date du 8 mars 1861, règle nos relations commerciales et maritimes avec le Pérou.

Des traités de commerce et de navigation existent également entre le Pérou et la Bolivie (8 novembre 1831 et 5 septembre 1864) ; le Mexique (16 novembre 1832) ; le Chili (20 janvier et 19 février 1835) ; les États-Unis de l'Amérique du Nord (30 novembre 1836, 26 juillet 1851, 22 juillet 1856 et 4 juillet 1857) ; la Grande-Bretagne (5 juin 1837 et 10 avril 1850) ; la Belgique (19 mai 1850 et 25 février 1860) ; le Portugal (26 mars 1853) ; la république de Costa-Rica (31 janvier 1857) ; le Guatemala (20 avril 1857), le Nicaragua (18 juin 1857) ; San Salvador (18 juin 1857 et 7 juillet 1869); la Nouvelle-Grenade (5 mars 1868 et 10 février 1870) ; la Prusse et les États du Zollverein (29 décembre 1868), et l'Italie (27 juillet 1869).

Les frais de port au Callao (Lima) d'un navire français de 860 tonneaux de jauge sont les suivants :

Expertise...............................	f 51. —
Droits d'hôpital........................	29. 38
Voyages à Lima et canot................	21. —
Frais de consulat......................	30. —
Arrimeurs du chargement...............	55. —
Lanches pour charger..................	170. —
Frais de port divers...................	246. 02
Agence................................	125. —
	f 727. 40

COMPTE D'ACHAT ET DE REVIENT

A 100 BALLOTS LAINE DE MOUTON LAVÉE

100 Ballots Laine de Mouton lavée				
Brut........................ 6264 ℚ				
Tare........................ 124 »				
Net...... 6140 ℚ à $ 20 franco à bord le quintal de 100 ℚ........			$	1228.—

FRAIS A ISLAY & VALPARAISO

Agence d'embarquement à 1 réal par balle..................			»	12.50
			$	1240.50
Commission d'achat à Valparaiso 2 ½ %..................	$	31.—		
Commission de remboursement à Valparaiso 1 %..................	»	12.84	»	43.84
			$	1284.34
Remboursement à 90 jours de vue sur Paris à F. 5 pour 1 $..................			F.	6421.70

FRAIS AU HAVRE

Fret à 2798 kil. à F. 80 sec par 450 kil..................	F.	497.40		
Recevoir, échantillonner, transport, mise en magasin, 1 mois magasinage et livraison..................	»	60.—		
Assurance maritime inclusivement 10 % à 2 %..................	»	141.28		
Assurance contre le feu 1 ‰..................	»	7.06		
Commission de banque ¼ %..................	»	16.05		
Courtage de vente.................. ¼ %				
Escompte à la vente.................. 2¼ %				
Commission de vente.................. 2 %				
Ensemble.................. 4½ % sur F. 7480.09..................	»	336.60	»	1058.39
			F.	7480.09

RENDEMENT réel : 100 ℚ brutes Islay = 44.67 kil. bruts Havre.

Brut.................. kil. 2798		
Tare 3 %.................. » 84		
Net kil. 2714 à F. 2.75 ½ le kil..................	F.	7477.07

PRIX DE REVIENT AU HAVRE LE KIL.

AUX CHANGES SUIVANTS SUR PARIS

	PRIX à ISLAY p. quintal F. bord	F. 4.60 par $	F. 4.70 par $	F. 4.80 par $	F. 4.90 par $	F. 5.— par $	10 c. de dif. par $
[illegible] Coût et frais variables	$ 1.—	F. 0.11½	F. 0.12	F. 0.12	F. 0.12	F. 0.12½	
	2.—	0.23	0.24	0.24	0.24	0.25	
	3.—	0.34¼	0.36	0.36	0.36	0.37½	
	4.—	0.46	0.48	0.48	0.48	0.50	
	5.—	0.57¾	0.59	0.60¼	0.61½	0.62¾	F. 0.01¼
	10.—	1.15½	1.18	1.20½	1.23	1.25½	0.02½
Coût et frais variables et invariables	10.—	1.40	1.42½	1.45	1.47½	1.50	0.02½
	15.—	1.98	2.01½	2.05	2.09	2.13	0.04
	20.—	2.55½	2.60½	2.65½	2.71	2.76	0.05
	25.—	3.13	8.19½	3.26	3.32	3.38	0.06
	30.—	3.71	3.78½	3.86	3.93½	4.01	0.07½
	35.—	4.29	4.37½	4.46	4.55	4.64	0.09
	40.—	4.86½	4.96½	5.06½	5.16½	5.26½	0.10
Logarithmes des changes		11569	11820	12072	12323	12575	251
Frais invariables par kil.		F. 0.24	F. 0.24	F. 0.24	F. 0.24	F. 0.24	

OBSERVATIONS

F. 10 sec par 450 kil. sur le fret font au Havre une différence de 0.02 ½ par kil. sur les prix.

Logarithme sans change 0,02515

On veut savoir le revient au Havre de Laine lavée du Pérou achetée à Valparaiso à $ 22 le quintal, au change de F. 4.90 et au fret de F. 80 sec par 450 kil.

On trouvera dans la 1re et 5e colonne que :

$ 20 font au Havre par kil..................	F. 2.71
» 2 » »	» .24
$ 22 feront au Havre le kil..................	F. 2.95

Ou par le calcul du logarithme :

0.02515 × F. 4.90 change = 12323

12323 × 22 prix..................	= F. 2.71
plus les frais invariables par kil..................	= » 0.24
Revient égal..................	F. 2.95

Droits de Douane par 100 kil. brut. (Janvier 1871)

Des pays hors d'Europe ou du cru des pays d'Europe Sous tous pavillons..................	Exempt.
D'ailleurs..................	F. 3.60

COMPTE D'ACHAT ET DE REVIENT

A 100 BALLOTS LAINE

82 Ballots 6232 ℔ Laine qualité courante
10 » 760 » Laine courte ou mi-fine
8 » 608 » Laine Locks

100 Ballots 7600 ℔ brut
100 » tare

7500 ℔ net à $ 60 le quintal de 100 ℔ .... $ 4500.—

FRAIS D'ARÉQUIPA A BORD

Transport d'Aréquipa à Islay et courtage 25 charges de Mulets à $ 3 ½	$	90.62 ½		
Magasinage à Islay et port à quai à 3 réaux pour 2 ballots	»	18.75		
Raccomodage des ballots	»	2.75		
Agence d'embarquement à Islay à 1 real	»	12.50		
Connaissement et port de lettres	»	1.37 ½	»	126.—
			$	4626.—
Commission d'achat à Aréquipa 5 %			»	231.30
Commission de remboursement 1 %			»	49.06
			$	4906.36
Remboursement à 90 jours de vue sur Paris à F. 5 pour 1 $			F.	24531.80

FRAIS AU HAVRE

Fret à 3395 kil. à F. 80 sec les 450 kil.	F.	603.56		
Recevoir, échantillonner, transport, mise en magasin, 1 mois magasinage et livraison	»	60.—		
Assurance maritime inclusivement 10 % à 2 %	»	539.70		
Assurance contre le feu 1 %	»	26.98		
Commission de banque ¼ %	»	61.33		
Courtage de vente .... ¼ %				
Escompte à la vente .... 2 ¼ %				
Commission de vente .... 2 %				
Ensemble .... 4 ½ % sur F. 27040.19	»	1216.81	»	2508.38
			F.	27040.18

Rendement de poids : 100 ℔ brutes Aréquipa = 44 ⁴/₅ kil. bruts Havre.

Brut .... kil. 3395
Tare 3 % .... » 102

Net kil. 3293 à F. 8.21 le kil. entrepôt .... F. 27035.53

PRIX DE REVIENT AU HAVRE LE KIL.

AUX CHANGES SUIVANTS SUR PARIS

	PRIX à AREQUIPA par quintal	F. 4.60 pour $ 1	F. 4.70 pour $ 1	F. 4.80 pour $ 1	F. 4.90 pour $ 1	F. 5.— pour $ 1	10 c. de dif. par $
Subdivisions. Coût et frais variables.	$ 1.—	F. 0.12	F. 0.12	F. 0.12	F. 0.13	F. 0.13	
	2.—	0.24	0.24	0.25	0.26	0.26	
	3.—	0.36	0.36	0.37	0.39	0.39	
	4.—	0.48	0.48	0.50	0.51	0.52	
	5.—	0.59½	0.60¾	0.62	0.63¼	0.64½	F. 0.01¼
Coût et frais variables et invariables	50.—	6.38	6.51½	6.65	6.78½	6.92	0.13½
	55.—	6.97½	7.12	7.27	7.42	7.56½	0.15
	60.—	7.57	7.73	7.89	8.05	8.21	0.16
	65.—	8.16½	8.34	8.51	8.68	8.85½	0.17
	70.—	8.76	8.94½	9.13	9.31½	9.50	0.18½
	75.—	9.35½	9.55	9.75	9.95	10.14½	0.20
	80.—	9.95	10.16	10.37	10.58	10.79	0.21
Logarithmes des changes		119324	121918	124512	127106	129700	2594
Frais invariables par kil.		F.0.41	F.0.41½	F.0.42	F.0.42½	F.0.43	

OBSERVATIONS

F. 10 sec les 450 kil. sur le fret font au Havre une différence de F. 0.05 par kil sur les prix.

Logarithme sans change 0.02594

On veut savoir le revient au Havre de Laine Alpaca achetée à Aréquipa à $ 57 le quintal, au change de F. 4 80 et au fret de F. 80 les 450 kil.

On trouvera dans la 1re et 4e colonne que :
$ 55 font au Havre par kil .... F. 7 27
» 2 » » .... » 0.25
$ 57 feront au Havre le kil .... F. 7.52

Ou par le calcul du logarithme :
0 02594 × F. 4.80 change = 124512
1.24512 × $ 57 prix .... = F. 7.10
plus les frais invariables par kil. .... = » 0.42
Revient égal .... F. 7.52

Droits de Douane par 100 kil. brut (Janvier 1871).

Des pays hors d'Europe ou du cru des pays d'Europe
Sous tous pavillons .... Exempts
D'ailleurs .... F. 3.60

COMPTE D'ACHAT ET DE REVIENT

A 100 BALLOTS LAINE EN SUINT

100 Ballots Laine en suint
Brut.......... 7587 ℘
Tare.......... 100 »
Net..... 7487 ℘ à $ 12 le quintal emballé.................. $ 898.44

FRAIS A AREQUIPA & ISLAY

Transport d'Aréquipa à Islay et courtage 25 charges de mulets à $ 3 ⅝.	$	90.50		
Magasinage à Islay et transport à bord 3 réaux par 2 ballots..........	»	18.75		
Raccommodage des ballots..........	»	2.50		
Agence d'embarquement à Islay à 1 réal..........	»	12.50		
Connaissement et port de lettres..........	»	1.37	»	125.62
			$	1024.06
Commission d'achat 5 %..........			»	51.20
Commission de remboursement 1 %..........			»	10,86
			$	1086.12
Remboursement à 90 jours de vue sur Paris à F. 5 pour 1 $..........			F.	5430.60

FRAIS AU HAVRE

Fret à kil. 3380 à F. 80 sec les 450 kil..........		F.	602.49		
Recevoir, échantillonner, transport, mise en magasin, 1 mois magasinage et livraison..........		»	60.—		
Assurance maritime inclusivement 10 % à 2 %..........		»	119.47		
Assurance contre le feu 1 ‰..........		»	5.97		
Commission de banque ¼ %..........		»	13.00		
Courtage de vente..........	¼ %				
Escompte à la vente..........	2¼ %				
Commission de vente..........	2 %				
Ensemble..........	4½ %	»	298.66	»	1095.19
				F.	6525.79

RENDEMENT de poids : 100 ℘ Aréquipa brut = 44 ½ kil. brut Havre.

Brut.......... kil. 3380
Tare 3 %..... » 102
Net kil. 3287 à F. 1.98 ½ le kil.......... F 6524.70

PRIX DE REVIENT AU HAVRE LE KIL.

AUX CHANGES SUIVANTS SUR PARIS

	PRIX à AREQUIPA par quintal de 100 ℘	F. 4.60 pour $ 1	F. 4.70 pour $ 1	F. 4.80 pour $ 1	F. 4.90 pour $ 1	F. 5.— pour $ 1	10 c. de dif. par $
Subdivisions, Coût et frais variables	$ 1.—	F. 0.12	F. 0.12¼	F. 0.12½	F. 0.12¾	F. 0.13	
	2.—	0.24	0.24½	0.25	0.25½	0.26	
	3.—	0.36	0.36¾	0.37½	0.38¼	0.39	
	4.—	0.48	0.49	0.50	0.51	0.52	
	5.—	0.60	0.61¼	0.62½	0.63¾	0.65	F. 0.01¼
Coût et frais variables et invariables	8.—	1.36	1.38½	1.41	1.43½	1.46	0.02½
	9.—	1.48	1.50¾	1.53½	1.56¼	1.59	
	10.—	1.60	1.63	1.66	1.69	1.72	
	11.—	1.72	1.75¼	1.78½	1.81¾	1.85	
	12.—	1.84	1.87½	1.91	1.94½	1.90	0.03½
	13.—	1.96	1.99¾	2.03½	2.07¼	2.11	
	14.—	2.08	2.12	2.16	2.20	2.24	
	15.—	2.20	2.24¼	2.28½	2.32¾	2.37	
	16.—	2.32	2.36½	2.41	2.45½	2.50	0.04½
Logarithmes des changes		119324	121918	124512	127106	129700	2594
Frais invariables par kil.		F. 0.41	F. 0.41½	F. 0.42	F. 0.42½	F. 0.43	

F. 20 sec par 450 kil. sur le fret font au Havre une différence de F. 0.04 ½ par kil. sur les prix.

Logarithme sans change 0.2594

On veut savoir le revient de Laine en suint achetée à Aréquipa à $ 11½ au change de F. 4.80 et au fret de F. 80 sec les 450 kil.

On trouvera dans la 1re et 4e colonne que :
$ 11— font au Havre par kil.......... F. 1.78½
» —½ » » .... » 0. 6½
$ 11½ feront au Havre le kil.......... F. 1.85

Ou par le calcul du logarithme :
0.02594 × 4.80 change = 1.24512
1.24512 × $ 11½ prix.......... = F. 1.43
plus frais invariables.......... = » 0.42
Revient égal.......... F. 1.85

Droits de Douane par 100 kil. brut (Janvier 1871)
Des pays hors d'Europe ou du cru des pays d'Europe
Sous tous pavillons.......... Exempts
D'ailleurs.......... F. 3.60

COMPTE D'ACHAT ET DE REVIENT

A 100 SURONS

```
50 Surons à @ 163 brut. Quinquina plat.
50    »    »    »        »      roulé.
100 Surons Brut.......... @ 16300
        Tare........... »   1300
        Net.. @ 15000 à # 80 le quintal............... #   12000.—
```

FRAIS A ARÉQUIPA ET ISLAY

```
Transport d'Aréquipa à Islay 50 charges à # 4 ½........ #   225.—
Magasinage à Islay et transport à quai à 4 réaux........ »    50.—
Marquer au feu à ½ réal................................ »     6.25
Agence d'embarquement à 2 réaux........................ »    25.—
Connaissements et port de lettres...................... »     1.50 »    307.75
                                                             #  12307.75
Commission d'achat 5 %................................. »   615.39
Commission de remboursement 1 %........................ »   130.52 »   745.92
                                                             #  13053.67
      Remboursement à 90 jours de vue sur Paris
            à F. 5 pour 1 #............................ F.  65268.35
```

FRAIS AU HAVRE

```
Fret à 6,935 kil. à F. 12 ½ par Suron = F. 170.41 par 1000 kil..  F.  1250.—
Recevoir, échantillonner, transport, mise en magasin, 1 mois
        magasinage et livraison........................ »   185.—
Assurance maritime inclusivement 10 % à 2 %............ »  1435.90
Assurance contre le feu inclusivement 10 % à 1 %....... »    71.80
Commission de banque ¼ %............................... »   163.18
Courtage de vente................... ¼ % »
Recompte à la vente................. 2 ½ %
Commission de vente................. 2 %
        Ensemble......... 4 ¾ % sur F. 71553.23.........  3219.—  »  6324.88
                                                                F.  71553.23
```

RENDEMENT : sur poids.

```
100 Q bruts Aréquipa = Brut kil. 45 au Havre.
Brut............... kil. 7355
Tare à @ kil....... »   800
        Net. kil. 6555 à F. 10.95 le kil................ F.   71558.25
```

PRIX à ARÉQUIPA par quintal de 100 Q	F. 4.60 pour # 1	F. 4.70 pour # 1	F. 4.80 pour # 1	F. 4.90 pour # 1	F. 5.— pour # 1	10 c. de dif. de change p. #
# 1.—	F. 0.12	F. 0.12	F. 0.12½	F. 0.13	F. 0.13	
2.—	0.24	0.24	0.25	0.26	0.26	
3.—	0.36	0.36	0.37½	0.39	0.39	
4.—	0.48	0.48	0.50	0.52	0.53	
5.—	0.60	0.61	0.62½	0.64	0.65¼	
10.—	1.20	1.23	1.25½	1.28	1.31	0.02¼
40.—	5.29	5.39½	5.50	5.00½	5.71	0.11
50.—	6.49	6.63	6.75	6.88	7.02	0.13
60.—	7.69	7.86	8.01	8.17	8.33	0.16
70.—	8.80	9.08	9.26	9.45	9.64	0.19
80.—	10.09	10.30½	10.52	10.73½	10.95	0.22
90.—	11.99	11.53	11.77	12.02	13.26	0.23
100.—	12.49	12.76	13.03	13.30	13.57	0.27
Logarithme des changes	1202624	1228768	1254012	1281056	1307300	26144
Frais invariables par kil.	F. 0.47	F. 0.47½	F. 0.48	F. 0.48½	F. 0.49	

OBSERVATIONS

F. 2 ½ fret par Suron fait au Havre une différence de F. 0.04 par kil. sur les prix.

Logarithme sous change 0,026144

```
On veut savoir le revient au Havre de Quinquina       On par le calcul du logarithme :
acheté à Aréquipa à # 77 le quintal, au change de     0.026144 × F. 4.62 change = 1354912
F. 4.60  et au fret de F. 12½ par suron.              1.354912 × # 77 prix................... sur F) 9.64
                                                      plus frais invariables................ » 0.48
On trouvera dans le 1re et 4e colonne que :
# 70 font au Havre par kil.............. F.  9.26          Revient égal................... F. 10.14
  »  6   »    »      »                » 0.62
# 1   »    »      »                » 0.33         Droit d'octroi par 130 kil. brut (Janvier 1871)
# 77 feront au Havre le kil............. F. 10.14     Des pays hors d'europe sous leur pavillons : Exempt
                                                     Des entrepôts par navire Français............... » 4
                                                                »          »      Étranger.......... » 6
```

COMPTE D'ACHAT ET DE REVIENT

A 70 BALLES ORSEILLE PIURA (ORCHILLA)

70 balles Orseille Piura pesant 11102 ℔ à $ 5 par 100 ℔ franco à bord	$	555.10
	£	83.5.3d
Remboursement à 30d par $ à 90 jours de vue sur Londres à F. 25.25	F.	2102.38

FRAIS AU HAVRE

Fret à 4996 kil. à F. 100 par 1000 kil.		F.	499.60		
Recevoir, peser, échantillonner, transport, arrimer, 1 mois magasinage et livraison à F. 1		»	70.—		
Assurance maritime 2 % sur F. 2312.51		»	46.25		
Assurance contre le feu 1 ‰ sur F. 2312.51		»	2.31		
Commission de banque à Londres 1 % sur F. 2102.38		»	21.02		
Escompte à la vente	2¼ %				
Courtage de vente	¼ %				
Commission de vente	2 %				
Ensemble	4½ %	»	129.18	»	768.36
				F.	2870.74

Rendement du poids : 100 ℔ = 45 kil.

Brut		kil. 4996	
Tare 2 %	100 »		
Refactions	44 »	144	
Net		kil. 4852 à F. 59.16 les 100 kil.	F. 2870.44

PRIX DE REVIENT AU HAVRE DES 100 KIL. ENTREPOT

AUX CHANGES SUIVANTS SUR LONDRES

	PRIX à PAYTA des 100 ℔ esp. franco à bord.	F. 25.— pour £ 1	F. 25.10 pour £ 1	F. 25.20 pour £ 1	F. 25.30 pour £ 1	F. 25.40 pour £ 1	10 c. sur le change font au Havre par 100 kil.
Subdivisions. Coût et fr. var.	$ ¼	F. 2.32	F. 2.33	F. 2.34	F. 2.35	F. 2.36	
	½	4.64	4.66	4.68	4 70	4 72	
	¾	6.96	6.99	7.03	7.05	7.08	
	1.—	9.28	9.31½	9.35½	9.39½	9.43	F. 0.03¾
Coût et frais variables et invariables	4.—	49.42	49.57	49.72	49.87	50.02	0.15
	5.—	58.70	58.89	59.07	59.26	59.45	
	6.—	67.98	68.20½	68.43	68.65	68 88	0.22½
	7.—	67.26	77.52	77.78	78.04	78.31	
	8.—	86.54	86.84	87.14	87.44	87.74	0.30
	9.—	95.82	96.16	96.50	96.83	97.17	
	10.—	105.10	105.47½	105.85	106.22½	106.60	0.37½
Logarithmes des changes		92825	93196	93568	93939	94311	371½
Frais invariables par 100 kil.		F. 12.29	F. 12.29	F. 12.29	F. 12.29	F. 12.29	

OBSERVATIONS

F. 10 par 100 kil. sur le fret font une différence de F. 1.08 par 100 kil. sur les prix.

Logarithme sans change 0,3715

On veut savoir le revient au Havre d'Orseille achetée à Payta à $ 7¼ les 100 ℔ franco à bord, au change de F. 25.20 et au fret de F. 100 par 1000 kil.

On trouvera dans la 1re et 4e colonne de ce tableau que :

$ 7— font par 100 kil	F. 77.78
» ¼ » »	» 2.34
$ 7¼ feront au Havre par 100 kil.	F. 80.12

Ou par le calcul du logarithme :

0.3715 × par le change de F. 25.20 = 93568	
9.3568 × le prix de $ 7¼	F. 67.83
Plus frais invariables	» 12.29
Revient égal	F. 80.12

Droits de Douane : Exempte.

SAN-FRANCISCO (CALIFORNIE)

Le port de San-Francisco situé par 37° 48' 30" de latitude Nord et 124° 47' 38" de long. Ouest (Paris) est aujourd'hui, au nord du grand Océan, le seul entrepôt digne de ce nom, le seul où les bâtiments des États-Unis de l'Est, de l'Europe et de toutes les autres parties du monde viennent déposer des chargements complets. Les marchandises qu'ils apportent sont transportées par les rivières et par les voies de terre à l'intérieur de la Californie, à Nevada, à Idaho, à Montana, à Utats et à Arizona, d'où quelques-unes sont réexportées par mer pour le Mexique, les îles du grand Océan, les possessions anglaises et russes de la partie Nord du Pacifique et même pour le Japon, les îles Malaises et la Chine. San-Francisco est également le seul port de toute la côte occidentale de l'Amérique et de l'Océanie, d'où partent et où arrivent des bâtiments à vapeur de toutes les dimensions appartenant à des lignes régulières de Panama, le Nicaragua, du Mexique, de l'Orégon, des possessions anglaises de Vancouver, des îles Sandwich et de la Chine; en outre, il est le seul marché de cette côte pour tous les produits de la Californie, de l'Orégon, du territoire de Washington et de tous les pays de l'intérieur jusqu'aux montagnes Rocheuses et aux frontières du Mexique.

Mais la grande richesse de la Californie consiste dans ses mines d'or et d'argent. Il n'y a peut-être pas de pays qui en possède autant et d'aussi fécondes. D'abord, on y a trouvé l'or dans les placers en si grande quantité que de grandes fortunes ont pu facilement y être faites avec une merveilleuse rapidité; puis lorsque ces sources extraordinaires se sont taries, on a cherché les gisements de quartz aurifère, les autres métaux et même les matières minérales qui ont du prix dans l'industrie. C'est ainsi que les mines d'argent de Washoe ont été connues et leur exploitation, qui date à peine de six ans, a mis dans la circulation, en 1864 une valeur de 78,987,635 francs.

Les mineurs, qui ne trouvent plus toujours dans le travail des placers une rémunération proportionnée à leurs fatigues, encouragés par le récit des merveilles de l'État de Nevada, qui comprend maintenant les pays de Washoe, de Reese River, de Humboldt, d'Esmeralda, se livrent à la recherche des filons de quartz aurifère et argentifère dont ces contrées abondent. San-Francisco reçoit à lui seul tous les métaux qui sortent de ces mines et il est facile de comprendre que son commerce et son industrie en aient retiré de grands avantages. Une des principales conséquences de cette prodigieuse extraction métallique, a été la création dans la cité californienne de plus de 3,000 compagnies d'exploitation en 1863 et en 1864, sans compter celles qui se sont formées sur les lieux mêmes des découvertes.

La spéculation avec de pareils éléments de richesse avait devant elle les perspectives les plus encourageantes; mais malheureusement elle a quelquefois trafiqué sur le marché de mines imaginaires et causé ainsi beaucoup de ruines. Néanmoins la faveur accordée aux mines par les capitalistes a eu l'heureux résultat de provoquer l'exploitation de toute la partie du territoire des États-Unis comprise entre les montagnes Rocheuses et l'Océan Pacifique. Ces vastes pays recèlant des trésors dans leurs entrailles, reçoivent la population qu'y déverse l'immigration, dont chaque étape marque un district minier: aussitôt exploité qu'occupé. Washoe, Esmeralda, Humboldt, Reese River, Staterange, Ceso, Owen river, Colorado, Arizona, le Nouveau-Mexique, le Dacotah, l'Inyo, l'Idaho et même le territoire de Montana sur les versants orientaux de la Cordillère, sont autant de conquêtes des mineurs sur le désert.

Ces excursions hardies ne se sont pas bornées aux pays américains; la Colombie britannique au nord, les provinces mexicaines au sud et principalement les États de Sonora et de Sinaloa, baignés par les eaux du golfe de la Californie, ont subi l'influence de la fièvre à laquelle le pays intermédiaire était en proie.

Mais les conséquences de ces excès mêmes ont lieu d'étonner, maintenant qu'il règne plus de calme dans le pays. Une route de 9,195 kilomètres, appelée Overland, traverse le continent américain, de l'Est à l'Ouest, de San-Francisco à San-Joseph, sur les bords du Missouri; le télégraphe électrique suit cette voie à travers ces vastes solitudes et établit une rapide communication entre San-Francisco et New-York; le grand chemin de fer de l'Atlantique au Pacifique est terminé depuis le mois de Mai 1869, et toutes les contrées qu'il parcourt sont occupées par des mineurs, des fermiers, des marchands, en un mot par une population laborieuse et entreprenante qui dispute à la terre les richesses qui y sont enfouies.

Population. — La Californie, au dernier recensement qui date de 1852, renfermait

879,994 habitants, répartis sur une superficie totale de 150 milles carrés ; mais, grâce aux mines qui ne cessent d'y attirer toujours des émigrants des autres pays par l'appât séduisant d'une prompte fortune, par suite aussi de la guerre civile, qui a poussé de ce côté des multitudes de gens privés de leurs foyers ou désireux d'échapper à ce sanglant conflit, ce nombre peut être aujourd'hui porté à plus de 500,000 personnes.

En 1868 seulement, il était arrivé par mer de tous pays, 60,290 personnes; il en était reparti 25,207, ce qui laissait une augmentation de 35,783. Il est à peu près impossible d'établir le nombre des arrivées par terre, mais on les évalue à 82,000 âmes.

La ville de San-Francisco comptait au mois d'août 1864, 112,700 habitants y compris une population flottante de 9,000 personnes. La population blanche y figurait pour 98,000 individus des deux sexes.

Toute la population de la Californie est généralement laborieuse ; elle pratique la culture des terres, l'exploitation des mines, le commerce, l'industrie, la navigation de l'Océan et des fleuves et toutes les professions qui trouvent à s'exercer dans un pays nouveau. Mais au milieu de ce mélange d'individus de toutes les nations, une seule catégorie d'émigrants a su conserver une existence distincte, séparée, et véritablement originale : ce sont les Chinois. Libres de s'établir partout où ils voudraient dans la grande cité californienne, ils ont préféré se grouper dans un seul quartier, placé au centre des affaires du commerce, dont ils ont le génie et dont ils ont su occuper et monopoliser plusieurs branches à leur profit. Ils ont formé des associations qui tiennent à la fois des sociétés commerciales, des communautés religieuses et des corporations de secours mutuels. Chacune de ces associations, au nombre de six actuellement, a ses règlements, ses registres et ses obligations. Le nom de tout affilié y est inscrit, ainsi que sa profession et sa demeure, afin, qu'en cas de décès, l'association qui l'a fait venir puisse recueillir son corps et le faire rapporter dans sa lointaine patrie. Il sont déjà au nombre de 40,000, dont chacun fait appel à ses parents et amis demeurés dans la mère-patrie. À force d'économie et de travail, ils parviennent facilement à gagner un petit pécule et plusieurs d'entre eux ont su faire des fortunes considérables. Le commerce du thé et du riz est entre leurs mains. Ils font venir de la Chine leurs vêtements, leurs meubles et leurs principaux aliments, et ils ne perdent jamais l'idée d'y retourner.

Industrie. — L'activité américaine a créé à San-Francisco de nombreux établissements industriels qui fournissent à la Californie tout ce qui est nécessaire à ses besoins.

Au premier rang viennent les forges et fonderies au nombre de 350 environ et occupant à peu près 2,000 ouvriers.

On citera les forges de Vulcain, établissement récemment dirigé par un français et le plus complet de la côte du Pacifique où il y a toujours de 200 à 250 ouvriers qui convertissent par an 1,200 tonneaux de fonte brute et 850 tonneaux de fer ; la fonderie des mineurs, qui occupe 125 ouvriers et livre par an pour 500,000 dollars d'articles de fer ; celle de Golden State ; tou tes trois fabriquent plus particulièrement les machines et outils nécessaires aux travaux des mines. Les autres ont la spécialité des machines des bateaux à vapeur et des scieries mécaniques, comme la fonderie de Fulton, ou celles des piliers de fonte et autres articles pour la construction des maisons, comme la fonderie dite de la Californie, qui donne du travail à 120 ouvriers, ou encore celle de la construction des chaudières des machines à vapeur, comme l'usine de Portland, qui en a livré en 1864 un nombre considérable. Parmi celles qui ne s'adonnent à aucune spécialité, la fonderie de l'Union emploie 143 ouvriers et met en œuvre 8 tonneaux de fer brut par jour ; celle du Pacifique occupe 150 ouvriers et fait assez d'affaires pour couvrir une dépense quotidienne de 2,000 dollars. Les forges de John Sims, du Phénix, des Pionniers et d'Eureka, sans avoir l'importance des précédentes, font cependant des travaux remarquables.

En outre, le Gouvernement fédéral a formé à Mare-Island, dans la baie de San-Francisco, un arsenal maritime pour la construction et la réparation des navires de tout tonnage ; il y a établi un dock flottant et des magasins pour l'approvisionnement de la marine, l'armement des bâtiments de la défense du pays, ainsi qu'un atelier de mécanique et des fonderies.

Viennent ensuite les manufactures de laine, dont l'une nommée Mission Woollenmills, fournit au commerce 900,000 livres d'articles de laine, principalement des couvertures blanches et de couleur, des flanelles, des chemises rouges et des tapis communs qui luttent déjà avec avantage contre les produits similaires des autres pays. 300 ouvriers, dont les deux tiers sont Chinois, y trouvent du travail. Une autre manufacture datant seulement de 1863, tente de rivaliser avec elle ; elle compte 125 ouvriers et consomme par jour 3,000 livres de laine.

Des raffineries de sucre qui reçoivent leurs matières premières de la Chine et des îles Sandwich font d'importantes affaires. L'une d'elle raffine mensuellement 1,000 tonnes de sucre brut, rendant 5,000 barils de sucre blanc, 2,500 de cassonade et 33,000 de mélasse. Une autre produit journellement 5,000 livres de sucre. Cette mélasse a servi en 1864 à alimenter les distilleries qui existent en nombre assez considérable et auxquelles les grains, froment, orge, seigle, maïs et riz, d'où elles avaient tiré jusqu'alors l'alcool que rectifient ensuite plusieurs d'entre elles, ont fait défaut par suite de la pénurie de la récolte. L'une d'elles consomme par mois un million de livres de grains et produit 75,000 gallons de wiskey.

À côté des distilleries, les brasseries prennent chaque année plus d'extension et fabriquent une bière que les habitants préfèrent aux vins du pays, et qui, malgré une taxe de 1 dollar par baril de 30 gallons, lutte avec avantage avec celles qu'y importent l'Angleterre et la colonie de Victoria (16,460 barils en 1864), moyennant un droit de 35 cents par gallon pour celles en bouteilles et de 20 cents pour celle en barils.

Quant aux fabriques de savon, au nombre de dix-sept, protégées, du reste, par un droit de 1 cent par livre plus 30 % ad valorem sur les savons communs et de 10 cents, plus 25 % sur les savons fins d'origine étrangère, importés en Californie, elles ont eu à souffrir en 1864, du manque de suif, résultat de la sécheresse qui a fait périr un si grand nombre d'animaux. Leurs produits sont estimés et font concurrence aux savons importés.

Enfin, une fabrique de cordage, établie près de San-Francisco, convertit par jour 6,000 livres de chanvre en produits manufacturés, et deux autres fabriques fondées depuis quelques années sont très-prospères et fournissent aux mines et aux navires des cordages en fil de fer ou un fil de cuivre et de laiton et des câbles métalliques d'une forte résistance.

Mines d'or et d'argent. — On a constaté une abondance croissante de production dans les métaux précieux de la Californie, ainsi qu'on en peut juger par le relevé suivant pour trois années :

		1862	1863	1864
Or et Argent apporté à San-Francisco	de l'intérieur de la Californie........	210,298,995 F.	226,636,750 F.	306,289,700 F.
	de Victoria et de la Colombie britannique.....	24,657,895 »	24,850,015 »	40,704,890 »
	des côtes du Nord et du Sud..........	9,920,420 »	10,783,060 »	9,299,545 »
	Totaux........	246,877,310 F.	262,269,805 F.	356,294,135 F.

De cette augmentation dans la production, il est résulté un accroissement dans l'exportation de 1864, qui a atteint 276,012,000 francs au lieu de 239,170,000 francs en 1862. Le montant des dépôts d'or et d'argent effectués à l'hôtel des monnaies de San-Francisco s'est élevé, également en 1864, à 80,884,488 francs, et la valeur des monnaies frappées à 81.615,488 francs, dont 79,588,200 fr. en or et et 2,027,282 francs en argent. Dans cette année, les placers ont été travaillés plus en grand et à l'aide des moyens acquis par l'expérience des seize années précédentes. Après avoir fouillé et remué en tous sens les lits des ruisseaux et des rivières, les ravins, le mineur attaque maintenant les montagnes et, sur leurs versants il creuse des galeries souterraines pour aller chercher l'or à des distances considérables. Ce sont surtout les compagnies qui exploitent avec avantage ces gisements ; quant au mineur isolé, il n'y trouve guère qu'une rémunération quotidienne de deux dollars, qui couvre ses dépenses.

Mines de cuivre. — Après l'or et l'argent, vient le cuivre dans le degré d'importance des métaux exploités en Californie. Il a participé à la fièvre de spéculation qui a signalé l'année 1864. Du nord au sud de la Californie, de nombreux gisements ont été constatés ; mais c'est surtout dans le comté de Calaveras à Copperopolis, que sa présence a été révélée par de riches filons. Ces mines découvertes en 1857, ont été travaillées avec ardeur ; celles de l'Union, de Keystone et de Napoléon ont continué à être très-productives. Dans le comté d'Alnadar, les mines de ce métal sont aussi exploitées avec activité.

Sur toute l'étendue du territoire californien, les investigations ont été poussées sans relâche, jusqu'au moment de la réaction, qui a refroidi l'enthousiasme excité par les spéculateurs ; néanmoins, 14,215 tonneaux de minerai de cuivre, estimés à 5,478,000 francs ont été expédiés de San-Francisco à l'étranger en 1864.

Mines de mercure. — Les mines de mercure de Californie sont destinées à surpasser celles d'Almaden, en Espagne, et d'Idria en Illyrie. Les riches gisements de cinabre exploités à New-Almaden sont situés à environ 60 milles au sud de San-Francisco dans le comté de Santa-Clara, sur une montagne d'un millier de pieds de hauteur.

Les plus importants dépôts se trouvent à la jonction des deux différents terrains qui forment cette montagne. Les amas sont irréguliers, souvent interrompus et varient de 1 à 28 mètres d'épaisseur. Cette mine a livré à l'exportation, en 1864, 37,249 flacons d'un poids moyen de 34 kilogrammes chacun, soit 1,266,466 kilogrammes, d'une valeur totale de 7,675,000 francs, à raison de 6 francs par kilogramme. Dans le voisinage de New-Almaden, quelques travaux d'exploitation ont été faits particulièrement aux mines d'Enriqueta de la Guadeloupe ; mais les produits n'ont pas encore pu payer les dépenses. Un procès a fait arrêter l'exploitation de la mine de New-Idria situé dans le comté de la Mesod, à près de 100 milles au sud de San-Jose. En 1861, elle avait produit 272,100 kilogrammes.

Les chiffres suivants font connaître les quantités de mercure exportées de San-Francisco pour l'étranger de 1860 à 1864 inclusivement :

	Flacons	Kilogrammes
1860	9,846	317,832
1861	35,905	1,928,830
1862	35,747	1,147,398
1863	26,014	884,476
1864	37,549	1,266,466

La consommation du pays peut être évaluée à environ 130,000 kilogrammes par an.

Sources d'Asphalte et de Pétrole. — Parmi les richesses minérales que renferme le sol de la Californie, se trouvent plusieurs sources importantes d'asphalte et d'huile de pétrole. Ces irruptions bitumineuses ont lieu dans différentes localités et notamment près des côtes de l'Océan Pacifique, depuis la limite septentrionale du comté de Monterey jusqu'à la baie de San-Diego.

Les principales sources d'asphalte découvertes jusqu'à ce jour, en Californie, sont situées :

1° Dans les montagnes de Santa-Cruz au sud du comté de Santa-Clara ;

2° Dans le comté de San-Luis Obispo, vallée du même nom et sur le territoire de Napona ;

3° Près de la ville de Santa-Barbara, au rincon de San-Bonaventure et à environ 18 milles de l'embouchure de la rivière de Santa-Clara ;

Et 4° dans le comté de Los Angeles, sur la Sierra Susana à San Pedro Hells et à San-Juan Capistrano.

Les sources d'asphalte de Santa-Barbara paraissent avoir cessé de couler hors de terre, tandis que celles du comté de Los Angeles sont en pleine activité. On évalue à environ cinq mille tonnes les dépôts d'asphalte qui existent dans ces parages à la superficie du sol.

Près de la baie de San-Diego et sur d'autres points de la côte dans le voisinage de Santa-Barbara, quelques sources sortent du sein de la mer et des quantités considérables d'asphalte flottent le long du rivage.

Au nord de la Californie, dans la vallée de Hatiole, comté de Humboldt, on exploite actuellement une source abondante d'huile de pétrole. Tout dernièrement, on vient d'en découvrir deux autres qui permettent d'espérer de beaux résultats L'une est située près de Buena-Vista, comté de Tulare ; l'autre sur le versant oriental de la chaîne de montagnes de la côte (Coast Range), à 40 milles de Firebranghs-Ferry. La source de Buena-Vista, dans le comté de Tulare, a été examinée par un ingénieur qui affirme, dans son rapport, qu'en creusant un nombre suffisant de puits à une profondeur de cinquante pieds, on pourrait retirer de ces sources, sans trop de frais, cinquante mille gallons d'huile par jour.

Plusieurs compagnies, excitées par le succès qu'ont eu sur les marchés de New-York, de Boston et de Philadelphie, les opérations financières, au sujet de l'exploitation des dépôts de ce produit minéral, ont cherché à San-Francisco à tirer parti de l'engouement public ; mais elles n'ont pu y réussir comme elles l'espéraient, et ceux qui ont gagné quelque chose sont les propriétaires des terrains où se trouvent les dépôts.

En s'empressant de vendre leurs biens, ils ont pu réaliser de beaux bénéfices.

L'huile de pétrole, qui pourra devenir une des ressources de l'industrie de la Californie, n'a, jusqu'à présent, été appliqué qu'à l'éclairage. Cependant quelques usines tentent de l'employer à la place du charbon pour les machines à vapeur.

Céréales. — L'incertitude de la vie dans le travail des mines, la nécessité de nourrir les multitudes attirées en Californie par l'appât des richesses incalculables que renferme ce pays, les désappointements, qui parfois ont eu lieu, toutes ces causes ont porté les esprits à l'agriculture. On s'est appliqué à tirer parti de la fertilité du sol, à l'aide des méthodes perfectionnées en usage aux États-Unis, les denrées qu'il fallait auparavant demander aux autres États de l'Union, au Pérou et au Chili. Sur une superficie de 413,000 kilomètres carrés, que compte la Californie, 155,100 représentent les terres labourables situées dans les vallées, près des côtes, sur les plateaux inférieurs du Sacramento, sur les versants de la Sierra-Nevada et dans le bassin de la rivière Klamath. De cette étendue, 9,580 seulement sont en culture actuellement. Leur fertilité n'égale peut-être pas celle des terres de seconde États de l'Est, parce qu'elles ne sont point privées de la décomposition des détritus des forêts, mais à l'aide des irrigations, tant naturelles qu'artificielles, il est possible d'y obtenir des récoltes de tout genre. Les contrées situées entre les 37° et 40° degrés de latitude nord, jouissant d'un climat plus tempéré, sont les plus favorables à la production des céréales ; dans celui de San-Joaquim, le froment vient admirablement et donne, année moyenne, près de 20 millions de kilogrammes ; dans celui d'Yolo, l'orge croît de préférence et produit environ, par an, 33,800,000 kilogrammes ; du reste le blé pousse à beaucoup d'endroits sans culture et peut même fournir annuellement plusieurs récoltes.

On évalue approximativement aux chiffres suivants les quantités de céréales produites annuellement en Californie :

	Kilogrammes		Report
		Report	337,162,000
Froment	135,000,000	Haricots	1,800,000
Orge	124,032,000	Pois	1,500,000
Pommes de terre	42,165,000	Patates	1,544,050
Avoine	21,765,000	Seigle	1,142,550
Maïs	13,150,000	Sarrasin	1,042,000
A Reporter	337,162,000	Total	344,287,000

Mais, en 1864, une sécheresse épouvantable qui pendant de longs mois a désolé le pays, a fait rétrograder l'agriculture de dix ans et a obligé la Californie, qui jadis en exportait, à demander au Pérou et au Chili les céréales nécessaires à son approvisionnement et à l'accomplissement des obligations qu'elle avait contractées. De là, la diminution suivante dans les expéditions de céréales dans ces deux années :

	1863		1864	
	QUANTITÉS	VALEUR	QUANTITÉS	VALEUR
Froment..	Kil. 53,835,000	F. 5,743,229	Kil. 19,737,272	F. 3,859,833
Farine.....	13,830,616	4,076,209	10,480,707	4,145,880
Avoine.....	2,977,822	918,904	1,128,908	276,829
Orge.......	1,990,914	437,582	993,890	284,111
Totaux..	72,134,352	11,176,014	32,340,177	8,567,158

Par la même cause, les prix qui avaient été, en 1863, de 14 fr. 10 c. l'hect. de froment (80 kilogr.), 11 fr. 50 l'hect. d'orge (62 kilogr.), 10 fr. 70 c. celui d'avoine (54 kilogr.) et 27 fr. 55 c. les 100 kilogrammes de farine, sont montés en 1864, de 13 fr. 25 c. à 40 fr. 10 c. pour le froment ; à fr. 29 80 c. pour l'orge et à 17 fr. 10 pour l'avoine, et ont fini par s'arrêter à la fin de l'année à F. 30.87 pour le froment à 17 fr. 79 pour les deux autres céréales.

Le comté de Sacramento est plus particulièrement propre à la culture de la pomme de terre à laquelle le sol de la Californie convient tellement qu'elle pousse presque partout à l'état sauvage. La récolte de ce comté peut être évaluée à 5,729,880 kilogrammes.

Dans les vallées comprises entre Russian River et la baie de Humboldt, le maïs donne d'excellents produits, et, d'après les expériences qui ont été faites, les mêmes terres pourraient être propres à la culture du coton, que l'on se propose de développer malgré la difficulté de se procurer des graines.

Vin. — Ailleurs, la vigne introduite vers 1770 par les Espagnols, a été améliorée au moyen de plants empruntés à l'Espagne, à la France, à la Hongrie, à l'Allemagne et aux Etats de l'Est. Si le vin fait avec les raisins provenant des ceps primitifs de la Californie, a un goût de terroir et se trouve inférieur à celui produit par les espèces étrangères, le comté de Sonoma en fait qui ressemble au vin de Bordeaux, et près de Los Angeles, on en obtient qui ressemble au Xérès.

Le nombre des vignes plantées en Californie est d'environ 3,500,000 ; elles couvrent une superficie de 4,500 acres dont un tiers dans le comté de Los Angeles. La récolte, année moyenne, s'élève à un million et demi de gallons et peut ainsi suffire, non-seulement à l'approvisionnement

du pays, mais faire l'objet d'un commerce d'exportation, dirigé principalement vers les Etats de l'Est et qui a été en 1863, de 584,797 litres, d'une valeur de 395,183 francs. Favorisée du reste par les droits énormes qui frappent les vins étrangers, les vins du pays ne pourront que voir accroître leur production et leur consommation.

Produits horticoles. — Là ne se sont bornés les progrès de l'agriculture. Autour de San-Francisco, on a fait produire aux jardins, pour l'alimentation de cette cité, les légumes, tels que choux, carottes, navets, choux-fleurs, oignons, potirons, betteraves, pois, asperges, tomates, etc.

A l'aide des irrigations artificielles que l'on opère en creusant des puits d'où, au moyen de moulins à vent, on fait monter dans un réservoir l'eau qui est ensuite distribuée par de petits canaux en bois, ces légumes atteignent des proportions merveilleuses, mais parfois au détriment de la qualité, qui n'égale pas toujours celle d'Europe.

Les arbres fruitiers ont aussi fait l'objet de cultures spéciales ; les pommiers, les poiriers, les cerisiers, les abricotiers, les figuiers, les orangers, les oliviers, etc., viennent très-bien lorsqu'on a soin de choisir des terrains favorables et un climat qui leur convient. C'est surtout près de Los Angeles que les figuiers, les oliviers et les orangers réussissent le mieux. On y a récolté, en 1863, de 2 millions et demi à 3 millions d'oranges, valant de 15 à 20 centimes pièce. Au moyen de greffes, on a obtenu de nombreuses variétés de poires et de pommes qui peuvent être comparées aux meilleures espèces. Enfin, quand le luxe a eu aussi le pays et que, non contents de l'utile et du nécessaire, les habitants ont voulu y joindre l'agréable, toutes les fleurs de nos climats tempérés, les roses, les œillets, les giroflées, les jasmins, transportées en Californie, ont étalé leurs couleurs à côté des couleurs éclatantes des cactus et autres plantes des pays chauds.

Détail. — A côté de l'agriculture s'est développée depuis 1854 une nouvelle source de richesse pour la Californie. L'élève des bestiaux, bêtes à cornes, chevaux, mais plus particulièrement des moutons. La cesse de prendre chaque année de l'extension. Des croisements successifs des animaux existans primitivement et originaires de Mexique avec des taureaux, vaches et génisses et des béliers des Etats-Unis, depuis que cette contrée y a été annexée, et avec des moutons français dits de Rambouillet, ont singulièrement amélioré les races qui étaient généralement petites et qu'actuellement on retrouve dans le sud du pays. De grandes plaines où l'on ne peut récolter des céréales, situées principalement dans le comté de Monterey, sont très-propres à cette industrie. Là ces animaux errent en liberté, paissant l'herbe qui y croît et exposés aux intempéries des saisons, ce qui leur donne un aspect sauvage plus particulièrement aux chevaux, qui sont rétifs, mais possèdent d'ailleurs d'excellentes qualités, supportant bien la fatigue et se nourrissant de peu.

La Californie possédait environ 1,100,000 bêtes à cornes, 120,000 chevaux et 900,000 moutons. Mais la sécheresse dont il a été question plus haut, en a fait périr un grand nombre de faim et de soif. Les troupeaux, privés de pâturages des versants des montagnes desséchées faute de pluie, ont succombé parce qu'on n'a pas eu la précaution de les faire descendre dans les plaines où les eaux auraient pu se conserver. Les terres marécageuses qui bordent la baie de San-Francisco et que traversent les deux fleuves tributaires le Sacramento et le San-Joaquin, ont pu sauver une partie de leur bétail.

Laine. — La qualité de la laine, malgré une augmentation de production, s'est ressentie de la sécheresse signalée ci-dessus et n'a pas été aussi belle que précédemment.

Voici les chiffres de la production depuis

1854	. . . .	175,000 livres
1855	. . . .	330,000 »
1856	. . . .	580,000 »

1857	1,200,000 livres
1858	1,420,000 »
1859	2,500,000 »
1860	3,600,000 »
1861	4,500,000 »
1862	6,500,000 »
1863	7,200,000 »
1864	8,000,000 »

Dans cette dernière année l'exportation a été de 5,936,000 livres dirigées presque en totalité sur les Etats de l'Est. Le surplus a été employé par l'industrie locale.

Ces laines sont divisées dans le commerce en sept catégories : 1° mérinos pur ; 2° 3/4 sang mérinos ; 3° 1/2 sang mérinos ; 4° 1re race américaine ; 5° 2me race américaine ; 6° 1re race métisse ; 7° 3me race métisse ; cette dernière est d'une qualité très-inférieure. Généralement elles sont en toison entière et en suint. Les prix en sont fixés, suivant les espèces, de 30 à 62 centimes 1,2 la livre pour la dernière qualité, de 90 centimes à 1 fr. 15 pour l'espèce américaine, et de 1 fr. 20 à 1 fr. 25 pour les mérinos.

Une autre exportation à laquelle donne lieu l'élève des bestiaux est celle des peaux qu'achètent en totalité les Etats de l'Est. En 1863, elle a été de 312,439, d'une valeur de F. 5,621,000 et en 1864 de 398,281, représentant F. 5,920,000.

Bois pour constructions navales. — Il existe sur le territoire de Washington un canal intérieur formé par les eaux du détroit de Fuça qui pénètrent dans les terres, sur une étendue de 150 milles. Cette nappe d'eau connue sous le nom de Puget Sound, est parsemée d'un grand nombre d'îles qui contiennent des forêts de pins dont l'espèce est très-recherchée pour les constructions navales. Parmi les pins se trouve celle de Laméno, où les pins atteignent des proportions gigantesques. Déjà quelques navires français sont allés chercher des chargements dans ces parages. Les bâtiments destinés au transport des espars dans le détroit de Puget, doivent avoir une capacité de 700 tonneaux au moins. Les chargements peuvent se compléter avantageusement avec des planches, de petits espars pour bouts-dehors, mâts de hune, beaupré et avec des bois carrés, pouvant servir de traverses de chemin de fer.

Il est très-important que l'affréteur de San-Francisco prévienne à l'avance les marchands de bois de l'époque présumée de l'arrivée du navire, afin d'éviter des pertes de temps et des frais considérables, les apprêts de chargement et la mise à bord exigeant deux mois environ.

Voici les quantités de bois reçus des régions ci-dessus à San-Francisco en 1865 :

1° De Puget Sound, territoire de Washington	1,359,065 pieds
2° De la rivière Columbia (Orégon)	2,640,000 »
Il faut ajouter pour la production de la Californie elle-même.	34,719,724 »
Total	38,728,789 pieds

Mais ce n'est là qu'une partie du bois qui a été scié dans les principales scieries de la Californie. Le nombre de pieds qu'elles ont débité dans les neuf comtés de cet état en 1865 est évalué ainsi :

Comté de Yerba	17,000,000 pieds
» Humboldt	16,930,000 »
» Eldorado	10,835,000 »
» Placer	9,780,000 »
» Santa-Cruz	9,900,000 »
A Reporter	61,505,000 pieds

Report	61,505,000 pieds
Comté de San-Francisco	6,950,000 »
» Sonoma	7,350,000 »
» Calaveras	4,710,000 »
» Butte	3,425,000 »
Total	83,240,000 pieds

Mines de Charbon de terre. — Depuis les mines de charbon de terre sur la côte du Pacifique, en remontant du Chili jusqu'à l'île de Vancouver, on s'est préoccupé en Californie de la recherche de ce combustible. On a trouvé des gisements dans les comtés de Contra, Costa, Sonoma et Napa; mais ce sont surtout ceux situés sur le mont Diablo, dans le premier de ces comtés qui ont été exploités avec succès.

Les mines de cette localité, au nombre de cinq, donnent un rendement annuel d'environ 120,000 tonnes. La qualité de ce charbon, que l'on croyait chargé d'une trop grande quantité de soufre, ce qui aurait eu le désavantage de l'exclure d'une foule d'usages et principalement du chauffage des machines à vapeur, s'est bonifiée à mesure que l'on a avancé plus profondément. Les échantillons des meilleures espèces contiennent, d'après l'analyse qui en a été faite, 50 p. 0/0 de carbone, 46 p. 0/0 de substances bitumineuses.volatiles et 4.00 de cendres. Ce charbon est brillant et produit en brûlant une vive flamme. Il est employé, à l'exclusion de tout autre, par la navigation fluviale du pays, et quelques steamers de la côte le prennent et le mélent à de l'anthracite pour augmenter sa force de chaleur et diminuer sa facilité de combustion.

Le mont Diablo a envoyé à San-Francisco, en 1864, 37,455 tonnes de charbon ; Bellingham Bay, dans le territoire de Washington, 2,730 tonnes ; Cooca Bay, dans l'état d'Orégon, 1,300, et enfin l'île de Vancouver 12,440, soit un total de 60,902 tonnes fournies par la côte nord-ouest du Pacifique. La valeur moyenne du charbon Californien a varié pendant la même année de 7 à 9 dollars la tonne et celui des autres provenances de 11 à 14 dollars.

Commerce Extérieur. — Voici la valeur comparative des marchandises importées dans le port de San-Francisco, de tous pays, pendant les trois dernières années :

		1864	1865	1866
		Dollars.	Dollars.	Dollars.
Marchandises provenant	de pays étrangers	10.445.948	10.338.868	12.657.000
	des Etats-Unis de l'Est par bateaux à voiles	30.264.590	22.862.640	17.198.204
	des Etats-Unis de l'Est par steamers	11.900.646	9.253.815	11.289.044
Valeur du fret des marchandises	étrangères	2.502.962	1.615.247	1.942.058
	des Etats-Unis	1.884.901	3.394.381	3.550.973
	par bateau à vapeur	2.880.129	1.550.663	2.884.476
Droits perçus sur les marchandises étrangères		6.378.846	6.706.753	7.183.763
		65.736.813	55.920.647	55.920.518

D'après des renseignements recueillis par le consulat de France à San-Francisco, la valeur du commerce maritime de ce port aurait représenté, en 1864, une somme de 654 millions de francs, dont 192 pour l'importation et 342 pour l'exportation.

A l'importation, l'Angleterre figurait pour 7 millions de francs, la Chine pour 12, la France pour 6 1/2, consistant principalement en vins et eaux-de-vie.

A l'exportation, l'Angleterre prenait part pour 151 millions, la Chine pour 45, le Mexique pour 12, la Colombie britannique pour 8, l'Amérique Centrale pour 4, les Iles Sandwich pour autant, l'Australie pour 2, etc. L'or et l'argent comptaient à la sortie pour 276 millions de francs, le mercure pour 7 1/2, le cuivre pour 5 1/2, la laine pour 8, les cuirs pour 5, la farine pour 4, le blé pour autant.

Les droits de douane sur les articles de provenances étrangères importés à San-Francisco pendant l'année 1868 et 1869 ont successivement atteint la somme de $ 8,557,031 et de $ 8,539,584.

Voici la valeur et les destinations de l'or (treasure) exporté en 1867, 1868 et 1869.

	1867	1868	1869
New-York, Boston, etc.	$ 28.385.903	$ 21.408.800	$ 13.459.818
Grande-Bretagne	5.841.184	5.312.979	11.841.812
Chine	9.081.504	6.193.995	6.487.445
Panama	372.552	640.000	658.182
Autres ports	3.075.149	1.828.621	5.839.865
	$ 41.676.722	$ 35.444.395	$ 37.287.117

Exportations de Céréales en 1869 :

	Farine Barils	Froment 100 Q	Seigle 100 Q	Avoine 100 Q
New-York, etc.	22.976	135.300	182.888	—
Grande-Bretagne	26.751	4.735.872	—	—
Chine	132.193	94.289	—	9.216
Japon	11.399	—	682	1.614
Iles Sandwich	7.748	681	272	3.953
Colombie Anglaise	281	125	9.192	297
Mexique	3.718	105	543	97
Australie	64.469	16.498	—	14.792
Rio-Janeiro	37.296	6.127	—	—
Amérique Centrale	21.459	219	576	382
Panama	6.681	1	33	255
Manille	13.750	1.000	—	—
Singapore	1.250	—	—	—
Tahiti	4.164	74	228	—
Russie (possessions d'Asie)	4.021	40	—	—
Callao	100	—	107	128
Java	3.000	—	—	—
Monte-Video	33.370	—	650	—
Valparaiso	—	169	28.307	5
Iquique	—	—	95.796	—
Guam	3.836	3.038	—	—
New-Zélande	4.640	36.605	474	3.210
	Bls 427.497	% Q 5.011.029	% Q 314.756	% Q 27.000

Mercure. — PRODUCTION :

		1868	1869
New Almaden Mine	Flacons	25.000	17.000
New-Idria Mine	»	12.300	10.420
Redington Mine	»	8.700	5.000
Diverses autres Mines	»	2.100	1.180
		48.700	38.600

EXPORTATIONS.		1868	1869	1870	1871
New-York	Flacons	4.500	1.500	1.600	800
Grande-Bretagne	»	3.500	—	—	—
La Chine	»	17.785	11.600	4.020	7.900
Mexique	»	14.120	8.050	7.088	3.081
Amérique du Sud	»	2.500	2.900	1.300	2.200
Australie	»	1.580	300	300	1.100
Autres pays	»	321	55	50	124
		44.506	24.415	13.788	15.205

Charbons. — IMPORTATIONS.

		1868	1869
Anthracite	Tons.	29.590	24.844
Cumberland	»	322	5.788
dito	Boucauts.	3.940	11.655
Angleterre	Tons.	29.551	17.386
Australie	»	31.590	75.115
Chili	»	8.511	1.114
Vancouver	»	22.343	14.880
Bell'm Bay	»	13.806	20.552
Mount Diablo	»	132.537	148.792
Coos Bay	»	10.524	14.824
Saghalien	»	204	—

Importations :

		1868	1869
Sucre	$	34.285.485	$ 38.466.080
Café	»	8.708.510	» 8.802.406
Riz	»	35.596.860	» 31.937.624

Navigation Maritime. — Arrivages :

1867 .... 2.077 navires 909.025 Tons.
1868 .... 3.288 » 1.085.016 »
1869 .... 3.543 » 1.185.800 »

	1867	1868	1869
Des États-Unis ports atl.	141.865 Tons.	131.074 Tons.	158.188 Tons.
dito » pac.	423.272 »	504.792 »	596.207 »
De l'Étranger	334.447 »	443.636 »	408.702 »
De la pêche	9.441 »	5.524 »	3.352 »
	909.025 Tons.	1.085.016 Tons.	1.100.809 Tons.

Bateaux à Vapeur.

	1867	1868	1869
De Panama	104.445	102.749	117.408
San-Juan del sur.	22.546	5.492	—
Victoria	10.249	9.917	9.888
Mexico	15.161	23.887	13.268
Honolulu	8.281	11.625	11.774
Chine et Japon	19.748	34.451	48.852
	178.579 Tons.	258.031 Tons.	200.700 Tons.

Arrivages des principaux ports.

	1868		1869	
Des Etats-Unis's ports Atl.....	Navires 192 Tonn.	181.074	Navires 144 Tonn.	159.185
Grande-Bretagne..........	» 79 »	50.485	» 68 »	48.708
France.................	» 17 »	8.768	» 16 »	7.385
Hambourg..............	» 15 »	5.151	» 10 »	5.050
Iles Sandwich............	» 31 »	19.588	» 29 »	18.482
Chine.................	» 32 »	58.071	» 33 »	66.197
Manille................	» 3 »	1.888	» 13 »	7.029
Malaga................	» 2 »	652	» 2 »	675
Rio-Janeiro.............	» 4 »	2.797	» 2 »	1.411
Japon.................	» 5 »	4.783	» 8 »	4.141
Java..................	» 1 »	800	» 4 »	1.172
	Navires 311 Tonn.	287.258	Navires 324 Tonn.	318.686

Navigation à vapeur entre San-Francisco, la Chine et le Japon.

Sorties	Nombre de Bts	Passagers	Or	Tonn. Marchand¹
1867	6	4.155	f 4.717.223	4.410
1868	10	4.918	6.495.913	5.800
1869	12	4.839	9.780.409	7.909
Retours				
1867	6	1.603	—	9.409 tons.
1868	10	6.655	—	17.477 »
1869	10	9.019	—	16.196 »

Le Chemin de Fer du Pacifique à l'Atlantique de San-Francisco à New-York.

Le bill relatif à la construction du chemin de fer du Pacifique fut, le 1er Juillet 1862, approuvé par le président Lincoln. Divers amendements, du 3 mars 1863, du 2 juillet 1864, 3 mars 1865, 3 juillet 1866 complétèrent l'acte du congrès qui autorisait l'établissement d'une ligne principale de San-Francisco à Omaha (Nebraska) et de trois sections. La grande ligne prenait le nom du Chemin de Fer national du Pacifique, elle se subdivisait en deux parties : le Chemin de Fer Central et le chemin de Fer de l'Union. La compagnie autorisée à construire la première devait prendre Sacramento pour point de départ et se porter directement à travers la Californie, le Nevada et l'Utah à la rencontre du tracé de l'Union, ce dernier partant d'Omaha se dirigerait vers l'ouest en suivant, autant que possible, la ligne droite entre Omaha et le Lac salé. Les subventions du gouvernement devraient être allouées aux deux compagnies en proportion directe de la longueur de ligne établie par chacune d'elles. Les points de départ seuls étaient fixés de manière à ce que la compagnie qui serait la plus active aurait la plus forte part dans la distribution des secours, la ligne entière devant, sous peine de confiscation, être terminée le 1er juillet 1876.

À ces conditions, les Etats-Unis concédaient les subventions et privilèges qui suivent :

1º Concession gratuite de 12,800 acres (l'acre vaut 40 ares 46 centiares) de terrains adjacents à la ligne pour chaque mille, ce qui donnait pour le parcours entier un total de 40 millions d'acres de terrain, évalués à f 2 ½ l'acre, à 40 millions de f.

2º Un emprunt sous forme d'obligations d'état, remboursable en 30 ans à 6 % d'intérêts, payable par le Trésor public et s'élevant à près de f 30,000 par mille de voie, soit pour toute la ligne à 275 millions de francs. La délivrance de cette subvention ne devait pas se faire dans la même proportion sur tous les points de la ligne ; les ouvrages les plus pénibles, tels que le percement de la Sierra-Nevada et celui des montagnes Rocheuses, avaient droit à une rétribution de f 48,000 par mille, ceux qui, offrant moins de difficulté d'exécution, exigeaient encore des frais extraordinaires, à f 32,000 par mille, le reste enfin à f 16,000 par mille.

3º Le privilège d'émettre des obligations pour une somme égale à l'emprunt et ayant priorité sur ce dernier ; ces obligations étaient remboursables en 30 ans et portaient un intérêt de 6 % par an, elles équivalaient comme emprunt à une somme d'environ 55 millions de f.

Les deux compagnies entraient donc en campagne pourvues ensemble d'un capital nominal et d'un crédit estimé au pair de 150 millions de f (40 millions de terrain, 55 de subventions officielles et autant d'obligations à émettre).

Les frais généraux de construction y compris les bâtiments de toute sorte et le matériel, étaient évalués à f 50,000 par mille, c'est-à-dire pour la distance totale de San-Francisco à Omaha à f 94,900,000.

Le matériel du Chemin de Fer Central dut être commandé dans les états de l'est et ne put être amené en Californie que par la voie de mer, après avoir doublé le cap Horn.

L'Union plus favorisée n'en eut pas moins d'immenses frais pour le transport de son matériel jusqu'à Omaha. Cette compagnie seule n'employa jamais moins de 20 à 25,000 hommes. Le 10 mai 1869, sept ans en avance sur le terme fixé par l'état, les deux compagnies étaient arrivées au terme de leurs engagements. Des 1,775 milles formant la distance d'Omaha à Sacramento (on communique de Sacramento à San-Francisco par bateau à vapeur (un chemin de fer est en voie d'exécution), on en avait construit 20 en 1863, 20 autres en 1864, 60 en 1865, 295 en 1866, 291 en 1867, enfin 1,092 dans les derniers seize mois, depuis janvier 1868 jusqu'au mois de mai 1869.

La section d'Omaha à Ogden construite par l'Union a une longueur de 1,080 milles ; d'Ogden à Sacramento, section du Central, la distance est de 746 milles. Après avoir franchi la Sierra, les Californiens exécutèrent en seize mois 503 milles, tandis que l'Union n'en acheva que 530 dans le même espace de temps.

La ligne du Central rencontre près de son point de départ l'obstacle le plus formidable du parcours entier, les Sierras-Nevadas. Il les franchit au Donner-Pass à la station de Summit à 105 milles de Sacramento à une hauteur de 7,042 pieds anglais. De Summit à Truckee sur le versant oriental de la montagne, la distance n'est que de 22 kilomètres et la différence en hauteur entre les deux stations de 807 mètres. — Les montagnes de Wasatch se trouvent sur le tracé du Chemin de fer de l'Union. La voie les franchit à une hauteur de 7,867 pieds.

Le Chemin de Fer Central depuis Sacramento (38º 30' lat.) jusqu'à Promotory-Point (41º 45' lat.) incline dans sa marche vers le nord. Entre le Lac salé et Omaha, la ligne de l'Union passe dans sa presque totalité entre les 41 et 42 parallèles.

Le Chemin de Fer central est divisé en cinq sections, celles de Sacramento, de Jruckee, de Shoshone de Humboldt et du Lac salé. Il a 65 stations dont les principales sont : Sacramento, Colfax, Cisco, Jruckee, Reno, Wadsworth, Winnemucca, Carlin, 12 Re, Hontello, Corinne, Brigham-City et Ogden.

L'Union contient les sections de Platte, de Lodge, Pole, de Laramie et de Bridger. Les stations sont au nombre de 89. Voici les principales : Echo, Mazatch, Bryan, Rawlings, Benhou, Laramie, Sterman, Cheyenne, Sydney, North-Platte et Grand-Island.

Le trajet de Sacramento à Omaha (s'il est fait régulièrement) dure 99 heures, d'Omaha à Chicago (Illinois) (28 heures) de Chicago à New-York 41 heures, en tout de Sacramento à New-York 168 heures. La distance totale est de 3,181 milles, environ 5,800 kilom. La vitesse moyenne de marche sur cette ligne n'est aujourd'hui que de 32 kilom. à l'heure. Elle sera augmentée sous peu pour abréger de 24 heures le parcours total.

Le prix du billet de San-Francisco à Sacramento est de	$ 15 or
De Sacramento à Promotory-Point	» 50 »
De Promotory-Point à Omaha et Chicago	» 18 »
De Chicago à New-York	» 16 »

Les frais du voyage entier s'élèvent pour une seule personne à peu près à 800 fr. On s'attend à une réduction notable d'ici peu de temps. Le tarif alloue 100 livres de bagages à chaque voyageur.

Rates of Commissions, Charges, etc., adopted by the Chamber of Commerce of this city.

SCHEDULE I. — Rates of Commissions and Brokerage, to be charged where no Express agreement to the contrary exists.

On purchase of stocks, bonds, and all kinds of securities, including the drawing of bills for payment of same	2 ½	%
On sale of stocks, bonds and all kinds of securities, including remittances in bills and guarantee	2 ½	%
On purchase of sale of specie, gold dust, or bullion	1	%
On sale of bills of exchange, with endorsement	3 ½	%
For endorsing bills of exchange, when desired	2 ½	%
On sale of merchandise from domestic Atlantic ports, with guarantee	7 ½	%
On sale of merchandise from foreign ports, with guarantee	10	%
On goods received on consignment and afterwards withdrawn, on invoice cost	2 ½	%
The receipt of the bill of lading to be considered equivalent to receipt of the goods.		
On purchase and shipment of merchandise, with funds in hand, on cost and charges	5	%
On ditto, without funds in hand, on cost and charges	7 ½	%
For collecting and remitting delayed or litigated accounts	10	%
For collecting freight by vessels from domestic Atlantic ports, on amount of freight list or charter party	2 ½	%
For collecting freight by vessels from foreign ports, on amount collected	5	%
For collecting general claims	5	%
For collecting general average, on the first $ 20,000 or any smaller amount	7 ½	%
Ditto on any excess over $ 20,000	2 ½	%
For collecting and paying or remitting money from which no other commission is derived	2 ½	%
On purchase or sale of vessels	2 ½	%
For entering, clearing and transacting ship's business, on vessels with passengers cargo or from foreign ports :		
On vessels under 200 tons register	$ 50	
On vessels of 200 to 300 tons register	$ 100	
On vessels of 300 to 500 tons register	» 150	
On vessels over 500 tons register	» 250	
For ditto on vessels from domestic Atlantic ports, where no other commission is earned, according to tonnage	$ 50 to $ 200	
For disbursements of vessels by consignees, with funds in hand	2 ½	%
For ditto, without funds in hand	5	%
For procuring freight or passengers	5	%
For chartering vessels, on amount of freight, actual or estimated, to be considered as due when the charter parties are signed	5	%
But no charter to be considered binding till a memorandum, or one of the copies of the charter, has been signed	5	%
For giving bonds for vessels under attachment in litigated cases, amount of liability	2 ½	%
For landing and reshipping goods from vessels in distress, on invoice value, or, in its absence, on market value	2 ½	%
For receiving and forwarding goods, on invoice amount	2 ½	%
For effecting marine insurance, on amount insured	½	%

The foregoing commissions to be exclusive of brokerage and every charge actually incurred.

Brokerage. — On $ 1,000 and under	2	%
Over » 1,000 to $ 5,000	1 ½	%
Over » 5,000	1	%

SCHEDULE II. — Rates of Storage of Merchandise. — Measurement goods, per month one dollar per ton of forty cubic feet ; heavy ditto, one dollar per ton of 2,000 ℔ ; or in either case, the amount actually paid. The consignee to have the option of charging by weight or measurement. A fraction of a month to be charged as a month.

Regulations concerning Delivery of Merchandise, Payment of freight, etc. — When no express stipulation exists per bill of lading goods are to be considered as deliverable on shore.

Freight on all goods to be paid, or secured to the satisfaction of the captain or consignee of the vessel, prior to the delivery of goods.

After the Delivery to the purchaser of merchandise sold, no claims for damage, deficiency or other cause, shall be admissible, unless made within three days, and no such claims shall be admissible after goods sold and delivered have once left the city.

When foreign bills of lading do not expressly stipulate the payment of freight in a specific coin, (foreign), foreign currency shall be reckoned according to the United-States value thereof, and payment may be made in any legal tender of the United States.

Where foreign bills of lading expressly stipulate that the freight shall be paid in a specific coin then the same must be procured, if required or its equivalent given. The rate to be determined by the current value at the time in San-Francisco.

For tare on China sugar, four pounds is to be allowed for each mat containing four packets of about 26 ℔ each.

All other rates of tare are to be allowed as by custom in New-York, except when otherwise provided. Appointment of Surveyors and appraisers.

In all cases of average to be made up at this port, whether general or particular on hull or cargo, the selection and appointment of surveyors and appraisers shall be agreed upon beforehand, by and between the insured or claimants in average, or their representatives on the one side, and the representatives of the insurers on the other; and the services of the persons so appointed shall be understood to be wholly disinterested as between all parties concerned. A representative of underwriters shall be expected to certify, approve or accept any surveys or appraisements made at this port, in contravention of this rule, but such documents shall be deemed to be wholly ex parte in character, and as such, open to criticism, or liable to be rejected altogether.

In no case shall any ship-carpenter, rigger, or other mechanic who may have served on a survey, be employed to make the repairs or any portion thereof.

Commissions in partial Loss. — All commissions actually paid in a foreign and domestic port, shall be chargeable as heretofore to the various interests adjusted upon. But no other commissions shall be chargeable against insurers on disbursements in partial or salvage losses ; nor in general average, when ship and cargo belong to the same owners ; nor in any other case when no such commissions have been actually paid, and when one charge therefore would be customary or collectable in the ordinary course of the business of the insured, had no disaster occurred.

Port Charges of the Port of San-Francisco.

Entry at Custom House (on foreign vessels)	currency	$ 15.00
Clearance " " "	"	" 10.00
Quarantine officer	gold $ 5 or currency	7.00
Tonnage Dues, per ton	currency	$ 50
Hospital Dues, per man per month	"	" 32
Receiving manifest and Granting Permit	"	" 1.50
Surveyor's Entrance Fees	"	" 3.00
Yearly Tonnage Duties, per ton	"	" 30
Noting Protest	gold	" 3.25
Commissioner of Emigrants	"	" 1.00
Oath	"	" 20
Harbour Dues, per ton	"	" 04
Consul Fees (on Foreign Vessels)	"	" 25.00

Pilotage Inwards, on vessels of 500 tons and under $ 6 per foot draft.

Vessels coming in or going out without pilot pay half pilotage.

No extra pilotage is charged against outward bound vessels towed to sea by tug boats.

Stevedore Loading and Discharging 55 cents per ton delivered.

Commission on Disbursements 2 ½ %.

Commission on Charters 5 %.

Inspectors charges overlay days gold $ 4.55 per day.

Dockage		Per Day.
Vessels under 10 tons		$ 1.00
" of 10 tons and under 25 tons		" 2.00
" " 25 " " 50 "		" 3.00
" " 50 " " 75 "		" 4.00
" " 75 " " 100 "		" 5.00
" " 100 " " 150 "		" 7.50
" " 150 " " 200 "		" 10.00
" " 200 " " 250 "		" 12.50
" " 250 " " 300 "		" 15.00

Vessels	of	300 tons and under	400 tons		Per Day. $ 17.55
"	"	400 " "	500 "		" 20.00
"	"	500 " "	600 "		" 23.00
"	"	600 " "	700 "		" 24.00
"	"	700 " "	800 "		" 26.00
"	"	800 " "	1.000 "		" 28.00
"	"	1.000 " "	1.250 "		" 34.00
"	"	1.250 " "	1.500 "		" 41.00
"	"	1.500 " "	1.750 "		" 49.00
"	"	1.750 " "	2.000 "		" 56.00
"	"	2.000 " "	2.500 "		" 60.00
"	"	2.500 " and over in proportion.			

Tolls.

Vehicles drawn by one animal, each		25 cents.
Vehicles drawn by two animals		50 "
Vehicles drawn by four animals each		1.00 "
Cattle or horses for transportation, each		10 "
Sheep or hogs		3 "
Extra vehicle		25 "
Handcarts and wheelbarrows		10 "

Rules and Regulations. — Dockage to commence upon a vessel making fast to the wharf, and to conclude when the hauls out ; the days of hauling in and out to be counted as one day. Vessels loading and ballasting, half the above rates. No allowance to be made for Sundays, holidays or rainy days.

Outside berths, including storeships or other vessels receiving or discharging cargo, half rates of dockage.

Vessels shall rig in jib, flying-jib and spanker booms, when required by the wharfinger, and shall also haul or change berths, at their owner expense, by this direction.

All goods landed upon the wharf, and taken from thence in lighters or other conveyance, (excepting such as shall be carried by the Toll Station, and there pay the regular rates of toll), shall pay twelve and one half cents per ton wharfage.

All goods landed upon the warf from lighters shall pay twenty cents per ton wharfage.

All goods received or discharged by vessels (lying alongside the warf) from or into lighters, shall pay twelve and a half cents per ton wharfage.

No merchandise will be allowed to remain upon the wharf over night without permission of the wharfinger, and then only at the risk of the owner.

The following articles, when landed upon the wharf and remaining over 48 hours, and not exceeding one week, shall pay wharfage as follows :

Lumber, per 1000 feet		25 cents.
Bricks, per 1,000		20 "
Stone, coal, iron, cereals, vegetables, heavy general merchandise per ton		20 "
Wood, per cord		25 "

For every week, or fractional part thereof, after the first week, an additional charge of above rates will be made.

All goods remaining on the wharf after the owner or consignee has been notified to remove the same, will be removed by the wharfinger at the expense of the owner.

(Extrait du *Dictionnaire du Commerce* de MM. GUILLAUMIN & Cᵉ, ainsi que de nos renseignements particuliers.)

COMPTE D'ACHAT ET DE REVIENT

A 370 FUTS HUILE DE BALEINE

72,009 Gallons à 50 cents par Gallon	$	36004.50

FRAIS A SAN-FRANCISCO

Recevoir, remplir, peser et embarquer	»	555.—
	$	36559.50
Commission d'achat et remboursement 3 ½ %	»	1279.58
	$	37839.08
Remboursement sur Paris à 60 ou 90 jours de vue à F.5	F.	189195.40

FRAIS AU HAVRE

Fret à 72009 gallons à 8 c. et 5 % par gallon $ 6048.76 à F. 5¼ (équivalant à F. 107.30 les 1000 kil. sur 295957 kil.)		F.	31756.—		
Recevoir, peser, échantillonner, tonnelier, transport, arrimer, 1 mois magasinage et livraison		»	2975.—		
Assurance maritime 3 % sur F. 208114.94		»	6243.45		
Assurance contre le feu 1 ‰ sur F. 208114.94		»	208.11		
Commission de banque ¼ % sur F. 189195.40		»	472.99		
Courtage de vente	¼ %				
Escompte à la vente	2¼ %				
Perte d'intérêts	1 %				
Commission de vente	2 %				
Ensemble	5½ % sur F. 244286.72	»	13485.77		55091.32
				F.	244286.72

Rendement de poids réel :

1 Gallon = Brut.. kil. 4.11.
1 Gallon = Net.. kil. 3.42.

Brut		kil.	295957
Tare 1/6.... kil.	49826.—		
Réfactions. »	870.—	»	49696
Net		kil.	246261 à F. 99.19 les 100 kil. entrepôt ...... F. 244266.29

PRIX DE REVIENT AU HAVRE DES 100 KIL. ENTREPOT

AUX CHANGES SUIVANTS SUR PARIS POUR $ 1

Avec la parité des changes sur Londres calculés sur la base de F. 25.25 = 1 £

Prix à San-Francisco en cents par gallon	Paris F. 4.80 — Londres 45.62 d.	Paris F. 4.90 — Londres 46.57 d.	Paris F. 5.— — Londres 47.52 d.	Paris F. 5.10 — Londres 48.47 d	Paris F. 5.20 — Londres 49.42 d.	Paris F. 5.30 — Londres 50.37 d.	Paris F. 5.40 — Londres 51.32 d.	14 c. ou 0.96 d. sur le change font au Havre par 100 kil.
C. ½	F. 0.80	F. 0.81½	F. 0.83	F. 0.84½	F. 0.86½	F. 0.88	F. 0.89½	F. 0.02
1.—	1.59	1.63	1.66	1.69	1.73	1.76	1.79	0.03
2.—	3.18	3.26	3.32	3.38	3.46	3.52	3.58	0.06
3.—	4.77	4.89	4.98	5.07	5.19	5.28	5.37	0.11
4.—	6.36	6.52	6.64	6.76	6.92	7.04	7.16	0.13
5.—	7.96½	8.18	8.30	8.46½	8.63	8.79	8.96	0.16
10.—	15.93	16.26	16.60	16.93	17.26	17.59	17.92	0.33
40.—	79.89	81.24	82.59	83.94	85.29	86.63	87.98	1.35
45.—	87.85	89.37	90.89	92.40	93.92	95.42	96.94	1.51
50.—	95.83	97.51	99.19	100.87	102.55	104.23	105.91	1.68
55.—	103.79	105.64	107.49	109.33	111.18	113.02	114.87	1.84
60.—	111.77	113.78	115.79	117.80	119.81	121.82	123.83	2.01
65.—	119.73	121.91	124.00	126.26	128.44	130.61	132.79	2.17
70.—	127.71	130.05	132,39	134.73	137.07	139.41	141.75	2.34
Logarithmes des changes	1593322	1626516	1659710	1692904	1726098	1759293	1792487	33194
Frais invariables par 100 kil.	F.16.16	F.16.18½	F.16.21	F.16.23½	F.16.26	F.16.28½	F.16.31	F. 0.02

OBSERVATIONS

1 cent et 5 % par Gallon sur le fret font une différence de F. 1.71 par 100 kil. sur les prix.

Logarithme sans le change 0,331942

On veut savoir le revient au Havre d'Huile de baleine achetée à San-Francisco à 54 c. le gallon au fret de 8 c. et 5 % et au change de F. 5,20.

On trouvera dans la 1re et la 6e colonne de ce tableau que :

50 c. font par 100 kil.	F. 102.55
4 » id. id.	» 6.92
54 c. feront par 100 kil.	F. 109.47

Ou par le calcul du logarithme :

0.331942 × 5.20 change = 1726098	
1.726098 × 54 c. prix =	F. 93.21
Plus les frais invariables par 100 kil.	» 16.26
Revient égal	F. 109.47

Droits de Douane (Mars 1872)

Sous tous pavillons ...... F. 6 par 100 kil.

COMPTE D'ACHAT ET DE REVIENT

A 94 PAQUETS FANONS DE BALEINE POLAIRE

Achetés à San-Francisco et chargés par bateaux à vapeur voie de Panama à St-Nazaire et de là au Havre par chemin de fer, connaissement direct de San-Francisco à St-Nazaire.

8257 ℔ avec cordes		
110 » cordes		
8147 ℔ à 60 cents la ℔	$	4888.20

FRAIS A SAN-FRANCISCO

Recevoir et expédier	»	13.33
	$	4901.53
Commission d'achat et remboursement 3 ½ %	»	171.55
	$	5073.08
Remboursement sur Paris à 60 ou 90 jours de vue à F. 5 pour $ 1	F.	25365.40

FRAIS AU HAVRE

Fret de San-Francisco à St-Nazaire à 8257 ℔ à $ 88 et 5 % par 2240 ℔ = $ 340.60 à F. 5	F.	1703.—	
Frais de transit à St-Nazaire à F. 1 le paquet	»	94.—	
Chemin de fer de St-Nazaire à Paris à kil. 3743, F. 30.95 par 1,000 kil.			
Chemin de fer de Paris au Havre à kil. 3743, F. 9.90 par 1000 kil.	»	152.90	
soit 8,257 ℔ à 4.72 cents sec par ℔ brute = $ 389.98 à F. 5 =	F.	1949.90	
Transport de la gare en magasin, arrimer, 1 mois magasinage et livrer	»	155.50	
Assurance maritime par steamer inclusivement 10 % à 1 ½ % sur F. 27901.50	»	418.52	
Assurance contre le feu 1 ‰ F. 27901.50	»	27.90	
Commission de banque ¼ %			
Escompte à la vente 2¼ %			
Courtage de vente ¼ %			
Commission de vente 2 %			
Ensemble 4¾ %	»	1392.20	3944.02
		F.	29309.42

RENDEMENT : 100 ℔ brutes = 45 ⅓ kil. bruts.

Brut	kil. 3743		
Tare nette pour cordes	» 50		
	kil. 3693		
Don 2 %	» 74		
Net	kil. 3619 à F. 8.10 le kil.	F.	29313.90

PRIX DE REVIENT AU HAVRE LE KIL. ENTREPOT

AUX CHANGES SUIVANTS SUR PARIS POUR $ 1

Avec la parité des changes sur LONDRES, calculés sur la base de F. 25.25 = 1 £

PRIX à SAN-FRANCISCO en cents p. ℔	PARIS F. 4.80 — LONDRES 45.62 d.	PARIS F. 4.90 — LONDRES 46.57 d.	PARIS F. 5.— — LONDRES 47.52 d.	PARIS F. 5.10 — LONDRES 48.47 d.	PARIS F. 5.20 — LONDRES 49.42 d.	PARIS F. 5.30 — LONDRES 50.37 d.	PARIS F. 5.40 — LONDRES 51.32 d.	10 c. ou 0.95 d. sur le change font au Havre par kil.
Subdivisions. Coût et frais variab. 1	F. 0.12	F. 0.12	F. 0.12	F. 0.13	F. 0.13	F. 0.13	F. 0.13	F. 0.—
2	0.24	0.24	0.25	0.26	0.26	0.26	0.27	0.—
3	0.36	0.37	0.37	0.38	0.39	0.39	0.40	0.—
4	0.48	0.49	0.50	0.51	0.52	0.53	0.54	0.—
5	0.59¾	0.61	0.62½	0.63½	0.64¾	0.66	0.67¼	0.01¼
Coût et frais variables et invariables 40	5.41	5.51	5.61	5.71	5.81	5.91	6.01	0.10
45	6.01	6.12	6.23	6.34	6.46	6.57	6.68	0.11
50	6.60	6.73	6.85	6.98	7.10	7.23	7.35	0.12
55	7.20	7.34	7.48	7.61	7.75	7.89	8.03	0.14
60	7.80	7.95	8.10	8.25	8.40	8.55	8.70	0.15
65	8.40	8.56	8.72	8.88	9.05	9.21	9.37	0.16
70	8.99	9.17	9.34	8.52	9.69	9.87	10.04	0.17
75	9.59	9.78	9.97	10.15	10.34	10.53	10.72	0.19
80	10.19	10.39	10.59	10.79	10.99	11.19	11.39	0.20
85	10.79	11.00	11.21	11.42	11.64	11.85	12.06	0.21
90	11.38	11.61	11.83	12.06	12.28	12.51	12.73	0.22
95	11.98	12.22	12.46	12.70	12.93	13.17	13.41	0.24
100	12.58	12.83	13.08	13.33	13.58	13.83	14.08	0.25
Logarithmes des changes	1195	1220	1245	1270	1295	1320	1345	0025
Frais invariables par kil.	F. 0.63	F. 0.63	F. 0.63	F. 0.63	F. 0.63	F. 0.63	F. 0.63	

OBSERVATIONS

⅛ cent sec par ℔ sur le fret fait une différence de F. 0.06 par kil. sur les prix.

Logarithme sous le change 0.0249

On veut savoir le revient au Havre de Fanons de baleine achetés à San-Francisco à 83 cents la livre au change de F. 5.20 par $ 1 sur Paris, et au fret de 4.72 c. par ℔ jusqu'au Havre, voie de Panama à St-Nazaire.

On trouvera dans la 1re et la 5e colonne de ce tableau que :

80 c. font au Havre le kil.	F.	10.99
3 » id. id.	»	0.39
83 c. feront par kil.	F.	11.38

Ou par le calcul du logarithme.

0.0249 × 5.20 change = 0.1295		
0.1295 × 83 c. prix	= F.	10.75
plus les frais invariables par kil.	»	—.63
Revient égal	F.	11.38

Droits de Douane

Des pays hors d'Europe .... Exempts.

COMPTE D'ACHAT ET DE REVIENT

A 3067 SACS GRAINE DE MOUTARDE

273549 ℔ Graine de moutarde à 4 cents la ℔	$	10941.96

FRAIS A SAN-FRANCISCO

Recevoir, mise en sacs et embarquement	»	1533.50
	$	12475.46
Commission d'achat et remboursement 3 ½ %	»	436.64
	$	12912.10
Remboursement sur Paris à 60 ou 90 jours de vue au change de F. 5 pour $ 1	F.	64560.50

FRAIS AU HAVRE

Fret à F. 80 sec par 700 kil. sur brut kil. 124009	F.	14172.46		
Recevoir, peser, voilier, échantillonner, transport, arrimer, 1 mois magasinage et livraison	»	682.—		
Assurance maritime 3 % sur F. 71016.55	»	2130.50		
Assurance contre le feu 1 ‰ sur F. 71016.55	»	71.02		
Commission de banque ¼ % sur F. 64560.50	»	161.40		
Escompte à la vente 2¼ %				
Perte d'intérêts 1 %				
Courtage de vente ¼ %				
Commission de vente 2 %				
Ensemble 5½ % sur F. 86537.44	»	4759.56	»	21976.94
			F.	86537.44

Rendement de poids : 100 ℔ = 45 ¼ kil. bruts.

Brut kil. 124009.—			
Tare nette » 2170.—			
Net kil. 121839.—	à F. 71.03 les 100 kil. entrepôt	F.	86542.24

PRIX DE REVIENT AU HAVRE LES 100 KIL. ENTREPOT

AUX CHANGES SUIVANTS SUR PARIS POUR $ 1

Avec la parité des changes sur Londres, calculés sur la base de F 25.25 = £ 1

	PRIX à SAN-FRANCISCO en cents par ℔	PARIS F. 4.80 — LONDRES 45.62 d.	PARIS F. 4.90 — LONDRES 46.57 d.	PARIS F. 5.— — LONDRES 47.52 d.	PARIS F. 5.10 — LONDRES 48.47 d.	PARIS F. 5.20 — LONDRES 49.42 d.	PARIS F. 5.30 — LONDRES 50.37 d.	PARIS F. 5.40 — LONDRES 51.32 d.	10 c. ou 0,95 d. sur le change font au Havre par 100 kil.
Subdivisions. Coût et frais variables	¼	F. 3.05	F. 3.12	F. 3.18	F. 3.24	F. 3.31	F. 3.37	F. 3.44	F. 0.07
	½	6.11	6.23½	6.36⅓	6.49	6.62	6.75	6.87	0.13
	¾	9.17	9.35	9.55	9.74	9.93	10.12	10.31	0.19
	1	12.22	12.47	12.73	12.98	13.24	13.49	13.75	0.25¼
Coût et frais variables et invariables	2	44.36	44.97	45.58	46.19	46.80	47.41	48.02	0.61
	3	56.58	57.44	58.31	59.17	60.04	60.90	61.77	0.86
	4	68.80	69.92	71.03	72.16	73.28	74.40	75.52	1.12
	5	81.02	82.39	83.76	85.14	86.52	87.89	89.27	1.38
	6	93.24	94.87	96.50	98.13	99.76	101.39	103.02	1.63
Logarithmes des changes		1221725	1247177	1272630	1298082?	1323535?	1348987	1374440	25452½
Frais invariables par 100 kil.		F. 19.93	F. 20.03	F. 20.13	F. 20.23	F. 20.33	F. 20.43	F. 20.53	F. 0.10

OBSERVATIONS

F. 10 sec par 700 kil. sur le fret font au Havre une différence de F. 1.47 par 100 kil. sur les prix.

Logarithme sous le change 254526

On veut savoir le revient au Havre de Graine de moutarde achetée à San-Francisco à 2 ¾ cents la ℔ au fret de F. 80 sec les 700 kil. et au change de F. 5.20.

On trouvera dans la 1re et la 6e colonne de ce tableau que :

2 cents font par 100 kil.	F.	46.80
¾ » »	»	9.93
2 ¾ cents feront les 100 kil.	F.	56.73

Ou par le calcul du logarithme :

254526 × 5.20 change = 1323535		
1323535 × 2 ¾ c. prix =	F.	36.40
plus frais invariables par 100 kil.	»	20.33
Revient égal	F.	56.73

Droits de Douane

Sous tous pavillons Exempte.

COMPTE D'ACHAT ET DE REVIENT

A 28004 SACS BLÉ

3809 Sacs	503946 ℔	»
3531 »	498421 »	
2391 »	319687 »	
3157 »	444186 »	
4245 »	571041 »	
4719 »	633303 »	
6132 »	809097 »	
28004 Sacs 3769630 ℔ à 30 sh. par quarter de 500 ℔ coût et fret	£ 18848.3.

A déduire :

Fret à 3709630 ℔ à £ 3. in full par 2240 ℔ .... » 5048.12

£ 13799.11

Remboursement sur Paris payable à Londres à 60 ou 90 jours
de vue, couvert à F. 25 pour £ 1 .... F. 344988.75

FRAIS AU HAVRE

Fret ci-haut £ 5048.12 à F. 25		F.	126315.—
Recevoir, peser et livrer du bord		»	3392.63
Assurance maritime 3 % sur F. 379487.02		»	11384.63
Assurance contre le feu ½ ‰ sur F. 379487.02		»	189.73
Commission de banque ½ % sur F. 344988.75		»	1724.94
Escompte à la vente .... 1¼ %			
Perte d'intérêts .... 1 %			
Courtage de vente .... ¼ %			
Commission de vente .... 2 %			
Ensemble .... 4½ % sur F. 510885.58	»	22989.85	165895.58
		F.	510885.58

RENDEMENT : 100 ℔ netter à San-Francisco = 45 kil. bruts.

Brut .... kil. 1695333 à F. 60.24 les 200 kil. .... F. 510985.50

PRIX DE REVIENT AU HAVRE DES 200 KIL. BRUTS

AUX CHANGES SUIVANTS SUR LONDRES POUR £ 1

PRIX à SAN-FRANCISCO par quarter de 500 ℔ en schellings coût et fret		F. 25.—	F. 25.10	F. 25.20	F. 25.30	F. 25.40	0.10 c. par £ sur le change font au Havre par 200 kil.
RENDEMENT Coût et fret variable	¼	F. 0.61	F. 0.61	F. 0.61	F. 0.61	F. 0.62	— —
	1	1.21	1.21½	1.22	1.22½	1.23	—
	2	2.42	2.43	2.44	2.45	2.46	0.01
	3	3.63	3.64½	3.66	3.67½	3.69	0.01
	4	4.84	4.85	4.88	4.90	4.92	0.02
	5	6.04	6.06½	6.09	6.11½	6.14	0.03
Coût et fret variable invariable	40	48.16	48.35	48.54	48.73	48.92	0.19
	45	54.20	54.41½	54.63	54.84½	55.06	0.22
	50	60.24	60.48	60.72	60.96	61.20	0.24
	55	66.28	66.54½	66.81	67.07½	67.34	0.26
	60	72.32	72.61	72.90	73.19	73.48	0.29

OBSERVATIONS

On veut savoir le revient au Havre de blé acheté à
San-Francisco à Sh. 47 les 500 ℔ coût et fret pour le
Havre au change de F. 25.20 pour £ 1.
On trouvera dans la 1re et la 4e colonne de ce
tableau que :

Sh. 45 sont par 200 kil. au Havre ...... F. 54.63
» 2 id. id. id. ...... F. 2.44
Sh. 47 sont par 200 kil. au Havre ...... F. 57.07

Droit d'entrée in 100 kil.

Sous tous pavillons .... F. 0.60

COMPTE D'ACHAT ET DE REVIENT

A 6992 SACS FROMENT

6992 Sacs Froment pesant 869281 ℔ à $ 1.50 par 100 ℔			$	13038.46

FRAIS A SAN-FRANCISCO

Frais de réception, sacs vides, mise en sacs et embarquement	$	1336.69		
Courtage d'achat 1 ½ % sur $ 13038.46	»	195.57	»	1532.26
			$	14570.72
Commission d'achat et remboursement 3 ½ %			»	509.97
			$	15080.69
Remboursement sur Paris à 60 ou 90 jours de vue à F. 5 pour 1 $			F.	75403.45

FRAIS AU HAVRE

Fret à £ 3 sec par 2240 ℔ £ 1164. 3.— à F. 25.25	F.	29391.78		
Recevoir, peser et livrer du quai	»	782.30		
Assurance maritime 3 % sur F. 82943.80	»	2488.31		
Assurance contre le feu ½ ‰ sur F. 82943.80	»	41.47		
Commission de banque ¼ % sur F. 75403.45	»	188.51		
Escompte à la vente 1 ¼ %				
Perte d'intérêts 1 %				
Courtage de vente ¼ %				
Commission de vente 2 %				
Ensemble 4 ½ % sur F. 113401.91	»	5103.09	»	37996.46
			F.	113401.91

RENDEMENT de poids : 100 ℔ nettes = 45 kil. bruts.

Brut kil. 391154 à F. 57.98 les 200 kil. F. 113385.05

PRIX DE REVIENT AU HAVRE DES 200 KIL.

AUX CHANGES SUIVANTS SUR FRANCE POUR $ 1

Avec la parité des changes sur LONDRES calculés sur la base de F. 25.25 = £ 1

PRIX à SAN-FRANCISCO en cents par 100 ℔	PARIS F. 4.80 — LONDRES 45.62 d.	PARIS F. 4.90 — LONDRES 46.57 d.	PARIS F. 5.— — LONDRES 47.52 d.	PARIS F. 5.10 — LONDRES 48.47 d.	PARIS F. 5.20 — LONDRES 49.42 d.	PARIS F. 5.30 — LONDRES 50.37 d.	PARIS F. 5.40 — LONDRES 51.32 d.	10 c. ou 0.95 d. sur le change font au Havre par 200 kil.
Soumissions. Coût et frais variables — C. 1	F. 0.24	F. 0.24½	F. 0.25	F. 0.25½	F. 0.26	F. 0.26½	F. 0.27	F. 0.00½
2	0.48	0.49	0.50	0.51	0.52	0.53	0.54	0.01
3	0.72	0.73½	0.75	0.76½	0.78	0.79½	0.81	0.01
4	0.96	0.98	1.—	1.02	1.04	1.06	1.08	0.02
5	1.20	1.22	1.25	1.27	1.30	1.32	1.35	0.03
10	2.39½	2.44½	2.49½	2.54½	2.59½	2.64½	2.69½	0.05½
Coût et frais variables et invariables — 120	49.12½	49.81½	50.50½	51.19½	51.88½	52.57½	53.26½	0.69
125	50.32½	51.04	51.75	52.47	53.18	53.90	54.61	0.72
130	51.52	52.26	53.—	53.74	54.48	55.22	55.96	0.74
135	52.72	53.48	54.25	55.01	55.78	56.54	57.31	0.76
140	53.91	54.70	55.49	56.28	57.07	57.86	58.65	0.79
145	55.11	55.92	56.74	57.55	58.37	59.18	60.—	0.82
150	56.31	57.15	57.98	58.83	59.67	60.51	61.35	0.84
155	57.51	58.37	59.23	60.10	60.97	61.83	62.70	0.87
160	58.70	59.59	60.47	61.37	62.26	63.15	64.04	0.89
165	59.90	60.81	61.73	62.64	63.56	64.48	65.39	0.92
170	61.10	62.04	62.98	63.92	64.86	65.80	66.74	0.94
Logarithmes des changes.	2395545	2445452	2495360	2545267	2595175	2645082	2694990	49907½
Frais variables par 100 kil.	F. 20.38	F. 20.47	F. 20.55½	F. 20.64	F. 20.73	F. 20.82	F. 20.90½	F. 0.08¾

OBSERVATIONS

Sh. 10 sec par 2240 ℔ sur le fret font une différence de F. 2.63 par 200 kil. sur les prix.

Logarithme sans le change 499072

On veut savoir le revient au Havre de blé acheté à San-Francisco à 143 cents au fret de 60 sh. sec et au change de F. 5.20.

On trouvera dans la 1re et la 6e colonne de ce tableau que :

140 cents font par 200 kil.	F.	57.07
3 id. id.	»	0.78
143 cents feront au Havre les 200 kil.	F.	57.85

Ou par le calcul du logarithme :

499072 × 5.20 change = 2595175		
2595175 × 1.43 cents prix =	F.	37.12
plus frais invariables par 200 kil.	»	20.73
Revient égal	F.	57.85

Droits de Douane les 100 kil.

Sous tous pavillons F. 0.60

HONOLULU

Capitale du royaume des îles Sandwich, la plus importante de cet archipel, port et ville principale de l'île Oahu, une des huit îles habitées dont se compose ce groupe, qui en comprend treize, échelonnées sur un espace de 380 milles environ. Cet archipel est la relâche forcée des navires qui font l'intercourse dans ce monde flottant d'îles sans nombre, formant le vaste champ de pêche des baleiniers de toutes les nations maritimes. Il est situé entre les 18° 55'' et 22° 20'' lat. N. et les 157° 15' et 162° 35' long. O.

Honolulu est situé sous le vent sur le littoral S.-E. de l'île Oahu, la plus septentrionale du groupe, à 21° 18' 23'' lat. N. et 160° 15' long. O. Le port, à qui la ville capitale, résidence du gouvernement Hawaïen, doit toute son importance, est à la fois un port d'entrée pour les bâtiments de toute nature et un port de ravitaillement, ainsi que de réparations qui y trouvent en outre le moyen de compléter, ou même de former leur équipage. Sa découverte et son relèvement ne remontent qu'à 1794. C'est un bassin étendu et profond dans un banc de corail. La profondeur de l'eau varie entre quatre et six brasses et demie.

Le fond est excellent; il est de vase dure, le meilleur pour l'ancrage, surtout dans la partie nord, le port proprement dit, un tiers de la superficie totale, où la rivière de la vallée Nuccanu amène ses dépôts terreux. Les bâtiments à l'ancre dans le port y sont en parfaite sûreté pendant toutes les saisons. Les vents régnants soufflent du S.-E. au N.-O. et presque toujours sans ouragan, même quand, pendant l'hiver, décembre, janvier, février, les vents de mer venant du S. et du S.-O. amènent la tempête avec des pluies abondantes et des grains; le port est protégé par le banc qui le contourne au dehors. La sécurité n'existe pas de même, il est vrai, pour les bâtiments à l'ancre dans le port extérieur; l'entrée est étroite, mais l'accès en est facile à haute marée pour les bâtiments qui ne tirent pas plus de 5m 004 d'eau, qu'il n'est pas nécessaire d'indiquer la route. En tout cas, de mars à novembre inclusivement, pendant neuf mois de l'année, quand les vents alisés dominent, les bâtiments doivent longer la côte septentrionale des îles Havaï, Maoui et Molakaï, en se maintenant à une distance de 27 à 37 kilomètres, prendre le canal d'une longueur de 33 kilomètres, qui sépare

l'île Molakaï, de l'île Oahu; border à une distance de 3 à 4 kilomètres, le rivage depuis le cap Coco, l'extrémité la plus occidentale, jusqu'au cap Diamant qui est à 6 kilomètres du mouillage, et de là mettre le cap sur l'entrée du port. Des pilotes sont d'ailleurs toujours prêts à répondre au signal d'usage, et leurs services peuvent être de quelque utilité quand les vents alisés fraîchissent. Un remorqueur à vapeur est à la disposition des capitaines. Le mouillage est indiqué par une bouée en fer peinte en blanc, flottant par douze brasses.

Les marées sont très-régulières; le flot qui vient de l'Est monte à environ 0m76. Le canal où se trouve le port extérieur est étroit, 91 mètres environ, et s'étend sur un espace de 1 kil. 609 mètres de long.

Des bancs de corail escarpés qui en forment la ceinture pourraient être utilisés comme quai de chaque côté jusqu'à la barre. Le fond y est de sable et la profondeur est de 6m 005 d'eau à marée basse. Ces deux ports pourraient recevoir une flotte marchande considérable. Cinq grands quais, d'une longueur totale de 600 pieds, permettent à des bâtiments de 1,500 tonneaux de prendre charge et d'y décharger.

On construit de nouvelles jetées, et bientôt le profil de quayage comptera mille pieds de plus d'étendue.

La libre pratique est accordée après une simple déclaration du capitaine constatant qu'il n'y a eu pendant la traversée, ni n'existe à bord de maladie contagieuse.

Tout bâtiment ayant payé les droits de tonnage à un des ports de l'archipel et satisfait aux autres droits de port, et qui est possesseur d'un permis de sortie du collecteur, peut se rendre à l'un ou à tous les autres ports d'entrée de l'archipel sans payer aucun droit additionnel de tonnage pendant la durée du même voyage.

Tout bâtiment baleinier peut, par privilège, dans tous les ports de l'archipel, sans avoir à payer aucun droit de tonnage, débarquer des marchandises jusqu'à concurrence d'une valeur de £ 300 pour celles qui sont en franchise, et de £ 1,000 pour celles qui sont frappées du droit de 5 % ad valorem.

SURFACE & POPULATION

Hawaï...............	12.690 kilomètres		
Maoui..............	1.966 »		
Raouai.............	2.010 »		
Ooahou............	1.823 »	Population en 1866	
Molokaï...........	468 »	Indigènes..........	58.765
Lanaï.............	468 »	Étrangers..........	4.194
Vihavec...........	308 »		63.959
Radoulaw..........	94 »		

19.757 kilomètres

Neuf puissances ont des agents commerciaux accrédités aux îles Sandwich ; sept y ont des consuls ; deux, les Etats-Unis et l'Angleterre, des consuls généraux chargés d'affaires.

La France entretient un consulat à Honolulu et une agence consulaire à Lahaina (Maoui).

Commerce. — 3 à 400 navires baleiniers viennent annuellement, en partie deux fois par an, se ravitailler à Honolulu ; 80 à 100 bâtiments s'y rendent annuellement aussi pour faire escale. C'est des îles Sandwich que la Californie a tiré ses premiers approvisionnements lorsque tout lui manquait excepté l'or. La Californie est restée un marché très-important pour l'archipel, et les relations avec la Chine, rouvertes par les derniers traités, l'émigration des coolies chinois en Californie sont encore venues accroître cette importance. — Les armateurs français pourraient certes trouver un débouché avantageux en établissant à Honolulu des magasins de conserves, articles de victuailles, vins, eaux-de-vie, apparaux, agrès, etc. M. Armandtion, établit dans un rapport à la Chambre de Commerce de Rouen, que l'on pourrait y placer avec avantage des cotons imprimés, des indiennes, des rouenneries, étoffes légères, le tout à dessins voyants, à couleurs vives, à prix modiques.

Les soieries françaises, rubans, sont très-goûtés, meubles, pianos, habillements, sellerie, parfumerie, chapellerie, fleurs artificielles de la nature tropicale, sont demandés et recherchés.

La valeur des importations au port d'Honolulu s'est élevée, en 1868, à ƒ 1,861,070 et des exportations à ƒ 1,898,215. — L'exportation a pour élément principal les produits du pays : sucre, mélasse, sirops, café, cuirs, laines, peaux, riz, fruits, etc. Les exportations de sucre se sont élevées en 1868 à ℺ 16,312,936 presque exclusivement pour San-Francisco.

Usages Commerciaux. — Le taux de commission ou de consignation est de 5 ½ % ; celui du ducroire de 2 ½ %.

Les affaires se traitent généralement à six mois de terme avec un escompte de 6 %. L'acheteur, en réglant comptant, jouit d'un escompte de 12 %, le taux légal de l'argent étant, dans les circonstances ordinaires, de 1 % par mois.

Poids & Mesures sont ceux des Etats-Unis.

Les bateaux à vapeur, faisant le trajet de la Californie en Chine, touchant régulièrement à Honolulu.

Frais de port à Honolulu (Septembre 1869).

REMORQUAGE A VAPEUR

Navires de 1,000 tons. et au-dessus...............	ƒ	75.—
» 500 à 1000 tons...............	»	60.—
» au-dessous de 500 tons...............	»	50.—
Brigs et Schooners au-dessus de 200 tons............	»	35.—
» » au-dessous de » »........	»	30.—
Baleiniers étrangers...............	»	45.—
» Hawaïens et barques...............	»	40.—

DROITS DE DOUANE

Ancrage au dehors...............	ƒ	10.—
Pilotage à l'entrée ou à la sortie, par pied............	»	1.—
Droits de phare...............	»	3.—
» de bouées...............	»	2.—
Manifeste à l'entrée ou à la sortie............	»	2.—
Serment de Malte (Mail Oath)............	»	1.—
Liste de passagers...............	»	1.—
Store list...............	»	1.—
Inward entry...............	»	3.—
Inward entry bonded goods...............	»	4.50
Déclaration en douane...............	»	2.—

HARBOR MASTERS CHARGES

Quayage par tonneau et par jour...............	ƒ	0.02
Halage chaque fois...............	»	3.—
Shipping Hawaïen seamen each...............	»	0.50
Discharging »	»	0.50
Government tax ou Hawaïen seamen each............	»	6.—
Stamps and shipping articles...............	»	3.—

FRAIS DIVERS

Shipping Master's fees for procuring men, each........	ƒ	3.—
Surveyor's fees first report...............	»	16.—
» 2d et 3d report, each...............	»	8.—
Stevedores per day...............	»	5.—
Steam engine for discharging per day...............	»	20.—
Water from water boat, outside the vsef per gallon......	»	0.01½
» in harbor...............	»	0.01

(Extrait du *Dictionnaire du Commerce* de MM. GUILLAUMIN & Cⁱᵉ, ainsi que de nos renseignements particuliers.)

COMPTE D'ACHAT ET DE REVIENT

A 16 FUTS DENTS DE MORSE

16 Fûts Dents de Morse Ç 18168 contenant 5809 dents pesant 15624 Ç à
80 cents la Ç.. ∄   4687.20

FRAIS À HONOLULU

Coût de 16 fûts vides...................................... ∄   20.—
Compter, peser, transport et mise à bord.......... »   32.50 =   52.50
                               ∄   4739.70
Commission d'achat et remboursement 5 %................   236.98
                               ₤   4976.68

     Remboursement sur Paris à 90 jours de vue à F. 5
     pour ₤ 1.. F.   24883.40

FRAIS AU HAVRE

Fret à 18168 Ç à 1 cent et 5 % la Ç, ∄ 190.71 à F. 5.25...... F.   1001.23
Permis, recevoir, classer, échantillonner, 1 mois magasinage et livrer. »   160.—
Assurance maritime 2 ½ % sur F. 27371.74...................... »   684.59
Assurance contre le feu 1 ‰ sur F. 27371.74................... »   27.37
Commutation de banque ½ % sur F. 24883.40.................... »   124.42
Escompte à la vente................ 2 ½ %
Courtage de vente.................. ¼ %
Perte d'intérêts................... ½ %
Commission de vente................ 2 %
    Ensemble............ 5 % sur F. 28395.48.... »   1414.77 =   3412.08
                                      F.   28395.48

RENDEMENT de poids : 100 Ç = 45 kil.

Net kil. 7031 à F. 4.02 le kil. entrepôt.............. F   28264.02

PRIX DE REVIENT AU HAVRE DU KIL. ENTREPOT

AUX CHANGES SUIVANTS SUR PARIS POUR ₤ 1

Avec la parité des changes sur LONDRES calculée sur la base de F. 25.25 = ₤ 1

PRIX À HONOLULU en cents par Ç	PARIS F. 4.80 — LONDRES ₤ 526.04 = ₤ 100	PARIS F. 4.90 — LONDRES ₤ 515.31 = ₤ 100	PARIS F. 5.— — LONDRES ₤ 505.00 = ₤ 100	PARIS F. 5.10 — LONDRES ₤ 495.10 = ₤ 100	PARIS F. 5.20 — LONDRES ₤ 485.58 = ₤ 100	PARIS F. 5.30 — LONDRES ₤ 476.42 = ₤ 100	PARIS F. 5.40 — LONDRES ₤ 467.59 = ₤ 100	+0 c. sur le change font au Havre par kil.
1	F. 0.12	F. 0.12	F. 0.13	F. 0.13	F. 0.13	F. 0.13	F. 0.13	
2	0.24	0.25	0.25	0.26	0.26	0.27	0.27	
3	0.36	0.37	0.38	0.39	0.39	0.40	0.41	
4	0.48	0.49	0.50	0.51	0.52	0.53	0.54	
5	0.61	0.62	0.64	0.65	0.66	0.67	0.69	0.01
20	2.65	2.70	2.76	2.81	2.86	2.91	2.97	0.05
25	3.26	3.53	3.39	3.46	3.52	3.59	3.65	0.06
30	3.87	3.95	4.03	4.10	4.18	4.25	4.34	0.08
35	4.48	4.57	4.66	4.75	4.84	4.93	5.02	0.09
40	5.09	5.20	5.30	5.40	5.50	5.60	5.71	0.10
45	5.70	5.82	5.93	6.05	6.10	6.28	6.39	0.11
50	6.31	6.44	6.57	6.69	6.82	6.95	7.08	0.13
Logarithmes des changes	1219	1244	1270	1295	1321	1346	1372	0025
Frais invariables par kil.	0.21	0.21	0.22	0.22	0.22	0.22	0.23	

OBSERVATIONS

¼ cent et 5 % par Ç sur le fret font une différence de F. 0.04 par kil. sur les prix.

Logarithme avec le change 0.9204

On veut savoir le revient au Havre de Dents de
Morse, achetées à Honolula à 31 cents la Ç au change
de F. 5.40 par ₤ sur Paris et au fret de 1 cent et
5 % la Ç :
On trouvera dans la 1re et 5e colonne de ce tableau
que :
    30 cents font le kil............... F. 4.34
       1 id.   id. .... » 0.13
    31 cents feront au Havre le kil........ F. 4.47

Ou par le calcul du logarithme :
   0.0901 × F. 5.40 change en 1372
     1372 × 31 cents prix............... = F. 4.24
   plus frais invariables par kil....... » 0.23
                           F. 4.47

Droits d'entrée au 100 kil. bruts en Juin 1869.
   Hors d'Europe sous tous pavillons..... Exemptes.
   D'Europe   id. .... » 3.60

COMPTE D'ACHAT ET DE REVIENT

A 2 CAISSES ECAILLES DE TORTUE

2 Caisses contenant ℔ 161 à $ 3 la ℔	$	483.—

FRAIS A HONOLULU

Coût de 2 Caisses et frais à bord	»	4.50
	$	487.50
Commission d'achat et remboursement 5 %	»	24.37
	$	511.87
Remboursement sur Paris à 90 jours de vue à F. 5 la $	F.	2559.35

FRAIS AU HAVRE

Fret à $ 3. et 5 % la caisse $ 6.30 à F. 5.25	F.	33.07		
Permis, recevoir, classer, mise en magasin, 1 mois de magasinage et livrer	»	10.—		
Assurance maritime 2 ½ % sur F. 2815.28	»	70.37		
Assurance contre le feu 1 ‰ sur F. 2815.28	»	2.82		
Commission de banque ½ % sur F. 2559.35	»	12.80		
Escompte à la vente 2 ¼ %				
Courtage de vente ¼ %				
Perte d'intérêts ½ %				
Commission de vente 2 %				
Ensemble 5 % sur F. 2829.90	»	141.49	»	270.55
			F.	2829.90

RENDEMENT réel ;

2 Caisses brutes	kil.	120 —
Tare nette	»	47 ½
Net	kil.	72 ½ à F. 39.03 le kil. entrepôt ... F. 2829.68

PRIX DE REVIENT AU HAVRE DU KIL. ENTREPOT

AUX CHANGES SUIVANTS SUR PARIS POUR $ 1

Avec la parité des changes sur LONDRES calculés sur la base de F. 25.25 = £ 1

	PRIX à HONOLULU en $ par ℔	PARIS F. 4.80 — LONDRES $ 526.04 = £ 100	PARIS F. 4.90 — LONDRES $ 515.31 = £ 100	PARIS F. 5.00 — LONDRES $ 505.00 = £ 100	PARIS F. 5.10 — LONDRES $ 495.10 = £ 100	PARIS F. 5.20 — LONDRES $ 485.58 = £ 100	PARIS F. 5.30 — LONDRES $ 476.42 = £ 100	PARIS F. 5.40 — LONDRES $ 467.59 = £ 100	10 c. sur le change font au Havre par kil.
Subdivisions coût et frais var.	$ ¼	F. 3.04	F. 3.11	F. 3.17	F. 3.23	F. 3.30	F. 3.36	F. 3.42	F. 0.07
	½	6.09	6.22	6.34	6.47	6.60	6.72	6.85	0.13
	¾	9.13	9.33	9.51	9.70	9.90	10.08	10.27	0.19
	1.—	12.18	12.43	12.68	12.94	13.19	13.44	13.70	0.26
Coût et frais variables et invariables	2.—	25.31	25.83	26.35	26.87	27.38	27.90	28.42	0.52
	2 ½	31.40	32.05	32.69	33.34	33.98	34.62	35.27	0.65
	3.—	37.50	38.27	39.03	39.81	40.58	41.34	42.12	0.78
	3 ½	43.59	44.49	45.37	46.28	47.18	48.06	48.97	0.90
	4.—	49.67	50.69	51.72	52.74	53.77	54.79	55.82	1.02
	4 ½	55.76	56.92	58.06	59.22	60.37	61.52	62.67	1.15
	5.—	61.85	63.14	64.40	65.69	66.97	68.24	69.52	1.28
	5 ½	67.94	69.36	70.74	72.16	73.57	74.96	76.37	1.40
	6.—	74.02	75.56	77.09	78.62	80.15	81.69	83.22	1.53
Logarithme des changes		12.178	12.431	12.685	12.938	13.192	13.445	13.699	0.0254
Frais invariables par kil.		F. 0.96	F. 0.97	F. 0.98	F. 0.99	F. 1.—	F. 1.01	F. 1.02	F. 0.01

OBSERVATIONS

$ 1 et 5 % par caisse sur le fret font une différence de F. 0.16 par kil. sur les prix.

Logarithme sans le change 2.537

On veut savoir le prix de revient au Havre d'écaille de tortue achetée à Honolulu à $ 3 ¾ la ℔, au change de F. 5.20 la $ sur Paris et chargée au fret de $ 3 et 5 % la caisse.

On trouvera dans la 1re et 6e colonne de ce tableau que :

$ 3.— font le kilog	F.	40.58
¾ id id	»	9.90
$ 3 ¾ feront au Havre le kil	F.	50.48

Ou par le calcul du logarithme :

2.537 × 5.20 change = 13192		
13.192 × $ 3 ¾ prix	= F.	49.47
Plus frais invariables par kil	»	1.01
Revient égal	F.	50.48

Droits de Douane par 100 kil. en Juin 1869.

Hors d'Europe sous tous pavillons	F.	6.—
D'Europe id id.		Exempte.

COMPTE D'ACHAT ET DE REVIENT

A 352 PAQUETS FANONS DE BALEINE

352 Paquets Fanons de Baleine pesant 27074 ℚ à 60 cents la ℚ .... ƒ 16244.40

FRAIS A HONOLULU

Recevoir, cordes et corder, transport à bord................................ »   72.50
                                                                          ƒ 16316.90
Commission d'achat et remboursement 5 %................................. »   815.84
                                                                          ƒ 17132.74
        Remboursement sur Paris à 90 jours de vue à F. 5 pour ƒ 1...... F. 85663.70

FRAIS AU HAVRE

Fret à 27074 ℚ à 2 cents et 5 % par ℚ ƒ 568.55 à F. 5.25...... F.   2964.89
Permis, recevoir, peser, transport, arrimer, 1 mois magasinage,
        examiner et livrer.. »   281.60
Assurance maritime 2 ¼ % sur F. 94290 07............................. »   2255.75
Assurance contre le feu 1 % sur F. 94290.07.......................... »   94.29
Commission de banque ¼ % sur F. 85663.70............................ »   428.32
Escompte à la vente... 2 ¼ %
Courtage de vente.. ¼ %
Perte d'intérêts.. ¼ %
Commission de vente... 2 %
        Ensemble............... 5   % sur F. 96640.52......   4832.03 »   10976.82
                                                                      F. 96640.52

RENDEMENT de poids : 100 ℚ = 42 ½ kil. bruts.

Brut........................ kil. 11506 ½
Cordes nettes............ »   153 ½
                          kil. 11353.—
Doni 2 %................... »   227.—
        Net kil. 11126.— = À F. 8.68 le kil. entrepôt............. F. 96573.68

PRIX DE REVIENT AU HAVRE DU KIL. ENTREPOT

AUX CHANGES SUIVANTS SUR PARIS POUR ƒ 1

Avec la parité des changes sur LONDRES calculée sur la base de F. 25.25 = £ 1

PRIX à HONOLULU en cents par ℚ	PARIS F. 4.80 LONDRES ƒ 526.04 = £ 100	PARIS F. 4.90 LONDRES ƒ 515.31 = £ 100	PARIS F. 5.00 LONDRES ƒ 505.00 = £ 100	PARIS F. 5.10 LONDRES ƒ 495.10 = £ 100	PARIS F. 5.20 LONDRES ƒ 485.58 = £ 100	PARIS F. 5.30 LONDRES ƒ 476.42 = £ 100	PARIS F. 5.40 LONDRES ƒ 467.59 = £ 100	48 c. sur le change font au Havre par kil.
1.—	F. 0.13	F. 0.13	F. 0.14	F. 0.14	F. 0.14	F. 0.15	F. 0.15	F. 0.00
2.—	0.26	0.27	0.38	0.29	0.29	0.30	0.30	0.01
3.—	0.39	0.40	0.42	0.43	0.44	0.41	0.45	0.01
4.—	0.52	0.54	0.56	0.57	0.58	0.59	0.60	0.02
5.—	0.66	0.68	0.69	0.71	0.72	0.73	0.75	0.02
40.—	5.68	5.79	5.91	6.02	6.14	6.25	6.37	0.11
45.—	6.34	6.47	6.60	6.73	6.86	6.98	7.12	0.13
50.—	7.01	7.15	7.29	7.44	7.58	7.71	7.87	0.14
55.—	7.67	7.83	7.98	8.15	8.30	8.44	8.62	0.15
60.—	8.34	8.51	8.68	8.85	9.02	9.19	9.36	0.17
65.—	9.—	9.19	9.37	9.56	9.74	9.92	10.11	0.18
70.—	9.67	9.87	10.06	10.27	10.46	10.65	10.86	0.19
75.—	10.33	10.55	10.76	10.98	11.18	11.39	11.61	0.21
80.—	11.—	11.22	11.45	11.67	11.90	12.13	12.35	0.22
85.—	11.65	11.90	12.14	12.38	12.62	12.85	13.10	0.24
90.—	12.33	12.58	12.83	13.09	13 34	13.58	13.85	0.25
95.—	12.99	13.26	13.53	13.80	14.06	14.31	14.60	0.26
100.—	13.66	13.94	14.22	14.50	14.78	15.06	15.34	0.28
Logarithme des changes	1234	1262	1290	1418	1446	1474	1502	0028
Frais invariables par kil	F. 0.34	F. 0.34	F. 0.35	F. 0.35	F. 0.35	F. 0.35	F. 0.35	

OBSERVATIONS

½ cent et 5 % par ℚ sur le fret font une différence de 0.07 par kil. sur les prix.

Logarithme tau le change 0.0278

On veut savoir le revient au Havre de Fanons de
Baleine achetés à Honolulu 79 cents la ℚ, au change
du F. 4.90 la ƒ sur Paris et au fret de 2 cents et 5 %
la ℚ
On trouvera dans la 1re et 4e colonne de ce tableau
que :
    78 cents font le kil.............................. F. 11.39
     4 id.   id. .... » 0.50
    79 cents font au Havre le kil .... F. 11.96

On par le calcul du logarithme :
    0.0278 × F. 3.90 changeant 1474
    1474 × 79 cents prix................ = F. 11.65
    frais invariables par kil............ » 0.35
                    Revient égal........ F. 11.96

Droit d'entrée par 100 kil. au Juin 1850.
Hors d'Europe sous tous pavillons........ Exempts
D'Europe   id. .... F. 2.—

COMPTE D'ACHAT ET DE REVIENT

A 405 FUTS HUILE DE BALEINE

405 Fûts Huile de Baleine contenant 81795 gallons à 40 cents le gallon.............. ƒ   32718.—

FRAIS A HONOLULU

Frais de réception et mise à bord... »   341.—

Commission d'achat et remboursement 5 % .... ƒ   33059.—
      »   1652.95

         ƒ   34711.95

Remboursement sur Paris à 90 jours de vue à F. 5 pour ƒ 1....... F.   173559.75

FRAIS AU HAVRE

Fret à 81795 gallons à 8 cents et 5 % par gallon ƒ 6870.78 à F. 5.25 F.   36071.90
Permis, recevoir, tonnelier, livraison du bord............................ »   1012.50
Assurance maritime 2 ½ % sur F. 190915.72............................. »   4772.89
Assurance contre le feu sur le quai ½ % sur F. 190915.72.......... »   95.46
Commission de banque ½ % sur F. 173559.75.......................... »   867.80
Escompte à la vente........................ 2 ½ %
Courtage de vente......................... ¼ %
Perte d'intérêts............................ ½ %
Commission de vente...................... 2 %

    Ensemble.............. 5 % sur F. 227768.42...... »   11388.42 »   54208.67

         F.   227768.42

RENDEMENT de poids : 1 gallon = 4 kil. bruts, 1 gallon = 3 ¼ kil. nets.

Brut.............. kil. 327180
Tare 1/6........ »   54530

   Net kil. 272650 à F. 83.54 les 100 kil. entrepôt.............. F.   227771.81

PRIX DE REVIENT AU HAVRE DES 100 KIL. ENTREPOT

AUX CHANGES SUIVANTS SUR PARIS POUR ƒ 1

Avec la parité des changes sur LONDRES calculée sur la base de F. 25.25 = £ 1

PRIX à HONOLULU en us par gallon	PARIS F. 4.80 LONDRES ƒ 526.04 £ = 100	PARIS F. 4.90 LONDRES ƒ 515.31 £ = 100	PARIS F. 5.00 LONDRES ƒ 505.00 £ = 100	PARIS F. 5.10 LONDRES ƒ 495.10 £ = 100	PARIS F. 5.20 LONDRES ƒ 485.58 £ = 100	PARIS F. 5.30 LONDRES ƒ 476.42 £ = 100	PARIS F. 5.40 LONDRES ƒ 467.59 £ = 100	10 c. sur le change fait en livre par 100 kil.
C. ½	F. 0.83	F. 0.84	F. 0.86	F. 0.88	F. 0.89	F. 0.91	F. 0.93	F. 0.02
1.—	1.64	1.68	1.71	1.75	1.78	1.82	1.85	0.03
2.—	3.28	3.36	3.42	3.50	3.56	3.64	3.70	0.07
3.—	4.92	5.04	5.13	5.25	5.34	5.46	5.55	0.11
4.—	6.56	6.72	6.84	7.—	7.12	7.28	7.40	0.14
5.—	8.22	8.39	8.56	8.73	8.90	9.07	9.25	0.17
40.—	60.77	62.15	63.54	64.92	66.31	67.69	69.08	1.38
45.—	68.99	70.64	72.10	73.65	75.31	76.76	78.83	1.55
50.—	97.21	98.93	100.68	102.38	104.12	105.83	107.58	1.72
55.—	105.43	107.32	109.22	111.11	113.01	114.90	116.43	1.90
60.—	113.65	115.72	117.79	119.86	121.93	124.—	126.07	2.07
65.—	121.87	124.11	126.35	128.59	130.83	133.07	135.32	2.24
70.—	130.09	132.50	134.91	137.32	139.73	142.14	144.56	2.41
75.—	138.31	140.89	143.47	146.05	148.63	151.21	153.80	2.59
80.—	146.53	149.28	152.04	154.79	157.55	160.30	163.06	2.75
Logarithme des changes	164419	167844	171270	174695	178121	181546	184972	003425
Frais invariables par 100 kil	F.15.—	F.15.01	F.15.03	F.15.04	F.15.06	F.15.07	F.15.09	F. 0.01

OBSERVATIONS

1 cent et 5 % par Gallon sur le fret font une différence de F.1.74 par 100 kil. sur les prix.

Logarithme sans le change 0,34354

On veut savoir le revient au Havre d'Huile de Baleine achetée à Honolulu à 40 cents le gallon au change de F. 5.30 le ƒ sur Paris et au fret de 8 cents et 5 % le gallon.
On trouvera dans la 1re et 6e colonne de ce tableau que :
40 cents font par 100 kil......................... F. 104.12
    2 id.   id................... »   5.55
42 cents feront au Havre les 100 kil...... F. 109.66

On par le calcul du logarithme :
0.34354 × ƒ 5.30 changes 178121
1.76121 × 42 cents prix........................... F.   93.62
Plus frais invariables par 100 k/5............... »   15.06
      Revient égal.............. F.   107.68

Droits d'entrée par 100 kil. bruts en Juin 1869.
Sous tous pavillons............................... F.   6.—

COMPTE D'ACHAT ET DE REVIENT

A 64 FUTS HUILE DE CACHALOT

64 Fûts Huile de Cachalot contenant 14704 gallons à 60 cents le gallon.......... ₤ 8870.40

FRAIS A HONOLULU

Frais de réception et mise à bord.. » 62.—
Commission d'achat et remboursement 5 %.............................. ₤ 8932.40
.... » 446.62
.... ₤ 9379.02

Remboursement sur Paris à 90 jours de vue à F. 5 pour ₤ 1........ F. 46835.10

FRAIS AU HAVRE

Fret à 14784 Gallons à 8 cents et 5 % par gallon ₤ 1941.86 à F. 5.25 F.	6519.76	
Permis, recevoir, peser, tonneler, transport, échantillonner, arrimer, 1 mois magasinage et livrer......................... »	608.—	
Assurance maritime 3 ½ % sur F. 51354.61.............................. »	1249.61	
Assurance contre le feu 1 ‰ sur F. 51584.61........................... »	51.58	
Commission de banque ½ % sur F. 46835.10.............................. »	234.48	
Escompte à la vente.................................. 3 ¼ %		
Courtage de vente.................................. ¼ %		
Perte d'intérêts.................................... ½ %		
Commission de vente.............................. 2 %		
Ensemble.................. 5 % sur F. 58524.77.......... »	2926.24 »	11629.07
		F. 58524.77

RENDEMENT de poids : 1 gallon = brut kil. 3.84, 1 gallon = net kil. 3.20.

Brut......................... kil. 56771
Tare ½......................... » 9462
Net kil. 47309 sur F. 123.71 les 100 kil. entrepôt.................. F. 58525.96

PRIX DE REVIENT AU HAVRE DES 100 KIL. ENTREPOT

AUX CHANGES SUIVANTS SUR PARIS POUR ₤ 1

Avec la parité des changes sur LONDRES calculés sur la base de F. 25.25 = ₤ 1

PRIX à HONOLULU par gallon en c^ts	PARIS F. 4.80 LONDRES ₤ 526.04 = ₤ 100	PARIS F. 4.90 LONDRES ₤ 515.31 = ₤ 100	PARIS F. 5.00 LONDRES ₤ 505.00 = ₤ 100	PARIS F. 5.10 LONDRES ₤ 495.10 = ₤ 100	PARIS F. 5.20 LONDRES ₤ 485.58 = ₤ 100	PARIS F. 5.30 LONDRES ₤ 476.42 = ₤ 100	PARIS F. 5.40 LONDRES ₤ 467.59 = ₤ 100	diff. sur le change sur les 100 kil.
C. ¼	F. 0.86	F. 0.88	F. 0.89	F. 0.91	F. 0.93	F. 0.95	F. 0.97	F. 0.02
1.—	1.71	1.75	1.78	1.82	1.85	1.89	1.92	0.04
2.—	3.43	3.50	3.57	3.64	3.71	3.78	3.85	0.07
3.—	5.14	5.25	5.35	5.46	5.56	5.67	5.77	0.11
4.—	6.86	7.—	7.14	7.28	7.42	7.56	7.70	0.14
5.—	8.57	8.75	8.93	9.10	9.28	9.46	9.63	0.17
60.—	119.42	121.56	123.71	125.88	128.—	130.14	132.28	2.14
65.—	127.99	130.01	132.65	134.95	137.28	139.60	141.92	2.32
70.—	136.56	139.06	141.56	144.06	146.56	149.06	151.56	2.49
75.—	145.13	147.81	150.48	153.16	155.84	158.52	161.19	2.67
80.—	153.70	156.55	159.41	162.96	165.12	167.97	170.85	2.85
85.—	162.27	165.30	168.33	171.37	174.40	177.43	180.46	3.03
90.—	170.84	174.05	177.25	180.47	183.68	186.89	190.10	3.21
95.—	179.41	182.80	186.17	189.57	192.96	196.35	199.73	3.39
100.—	187.98	191.54	195.11	198.67	202.24	205.80	209.37	3.56
Logarithme des changes	1714	1749	1785	1820	1855	1891	1927	0086
Frais invariables par 100 kil.	F.16.58	F.16.59	F.16.61	F.16.62	F.16.64	F.16.65	F.16.67	F. 0.02

OBSERVATIONS

1 cent et 5 % par Gallon sur le fret font une différence de F. 1.81 ¼ par 100 kilog. sur les prix.

Logarithme sans le change 0,357

On veut savoir le revient au Havre d'Huile de Cachalot achetée à Honolulu à 88 cents le gallon, au change
de F. 5.20 par ₤ sur Paris et au fret de 8 cents et 5 %
par gallon.
On trouvera dans la 1re et 7e colonne de ce tableau
par L.
88 cents font les 100 kil...................... F. 177.40
8 id. id...................... » 8.67
88 cents feront au Havre les 100 kil... F. 185.10

On par le calcul du logarithme :
0.357 × F. 5.20 change = 1891
1891 + 88 cents prix...................F. 185.45
plus frais invariables...................... » 16.65
Revient égal...................F. 162.10

Droit d'entrée par 100 kil. brut en Juin 1869.
Hors d'Entrepot sous tous pavillons...... F. 2.—
d'Europe id...... » 4.—

COMPTE D'ACHAT ET DE REVIENT

A 59 FUTS HUILE DE COCO

59 Fûts Huile de Coco contenant 7178 Gallons à 30 cents le Gallon	$	2158.40

FRAIS A HONOLULU

Réception et mise à bord	»	29.60
	$	2188.—
Commission d'achat et remboursement 5 %	»	109.15
	$	2292.15
Remboursement à 90 jours de vue sur Paris à F. 5	F.	11460.75

FRAIS AU HAVRE

Fret à 7178 Gallons à 8 cents et 5 % = $ 602.95 à F. 5.25	F.	3165.49		
Permis, recevoir, échantillonner, transport, mise en magasin, 1 mois magasinage et livraison	»	244.85		
Assurance maritime 2 ½ % sur F. 12606.82	»	315.17		
Assurance contre le feu 1 ‰ sur F. 12606.82	»	12.61		
Commission de banque ½ % sur F. 11460.75	»	57.30		
Escompte à la vente 2 ¼ %				
Courtage de vente ½ %				
Perte d'intérêts ¼ %				
Commission de vente 2 %				
Ensemble 5 % sur F. 16059.13	»	802.96	»	4598.38
			F.	16059.13

RENDEMENT de poids réel : 1 Gallon net = brut kil. 4.09; 1 Gallon net = net kil. 3.38 ½

Brut	kil. 29385			
Tare ⅙ sur kil. 25610	kil. 4268			
⅕ sur kil. 3775	» 755			
Réfactions	» 24			
Vidange	» 38	» 5085		
Net kil.	24300	à F. 66.09 les 100 kil entrepôt	F.	16059.87

PRIX DE REVIENT AU HAVRE DES 100 KIL. ENTREPOT

AUX CHANGES SUIVANTS SUR PARIS POUR $ 1

Avec la parité des changes sur LONDRES calculés sur la base de F. 25.25 = £ 1

PRIX à HONOLULU en c^ts par gallon		PARIS F. 4.80 — LONDRES $ 526.04 = £ 100	PARIS F. 4.90 — LONDRES $ 515.31 = £ 100	PARIS F. 5.00 — LONDRES $ 505.00 = £ 100	PARIS F. 5.10 — LONDRES $ 495.10 = £ 100	PARIS F. 5.20 — LONDRES $ 485.58 = £ 100	PARIS F. 5.30 — LONDRES $ 476.42 = £ 100	PARIS F. 5.40 — LONDRES $ 467.59 = £ 100	10 c. sur le change font au Havre par 100 kil.
[illegible]. Coût et frais variables.	C. ½	F. 0.81	F. 0.83	F. 0.85	F. 0.86	F. 0.88	F. 0.90	F. 0.91	F. 0.02
	1.—	1.62	1.65	1.69	1.72	1.75	1.79	1.82	0.03
	2.—	3.24	3.30	3.38	3.44	3.51	3.58	3.64	0.05
	3.—	4.86	4.95	5.07	5.16	5.26	5.37	5.47	0.10
	4.—	6.48	6.60	6.75	6.88	7.02	7.16	7.29	0.14
	5.—	8.10	8.27	8.44	8.60	8.77	8.94	9.11	0.17
Coût et frais variables et invariables.	30.—	64.04	65.07	66.09	67.12	68.15	69.18	70.20	1.03
	35.—	72.14	73.34	74.53	75.72	76.92	78.12	79.31	1.20
	40.—	80.24	81.60	82.97	84.33	85.70	87.06	88.43	1.36
	45.—	88.34	89.87	91.41	92.93	94.47	96.—	97.54	1.53
	50.—	96.44	98.14	99.84	101.55	103.25	104.95	106.65	1.70
	55.—	104.54	106.41	108.28	110.15	112.02	113.89	115.76	1.87
	60.—	112.64	114.66	116.72	118.76	120.80	122.84	124.88	2.04
Logarithmes des changes		16200	16537	16875	17212	17550	17887	18225	00337
Frais invariables par 100 kil.		F.15.44	F.15.45	F.15.47	F.15.48	F.15.50	F.15.51	F.15.53	F. 0.01

OBSERVATIONS

1 cent et 5 % par Gallon sur le fret font une différence de F. 1.72 par 100 kil. sur les prix.

Logarithme sans le change 0.3375

On veut savoir le revient au Havre d'Huile de Coco achetée à Honolulu à 43 cents le Gallon, au change de F. 5.20 pour $ 1 sur Paris et au fret de 8 cents et 5 % par gallon.

On trouvera dans la 1re et 6e colonne de ce tableau que :

Cents 40 font au Havre les 100 kil	F.	85.70
» 3 » »	»	5.26
Cents 43 feront au Havre les 100 kil	F.	90.96

ou par le calcul du logarithme :

0.3375 × F. 5.20 change = 17550		
1.7550 × 43 cents prix	= F.	75.46
plus frais invariables	»	15.50
Revient égal	F.	90.96

Droits de Douane par 100 kil. bruts en Juin 1869

Des pays hors d'Europe sous tous pavillons	F.	1.—
» d'Europe » »	»	3.—

COMPTE D'ACHAT ET DE REVIENT

A 185 BALLES LAINE EN SUINT

185 Balles Laine en suint pesant 47285 ℔ à 10 cents la ℔	$	4728.50

FRAIS A HONOLULU

Recevoir et mise à bord	»	55.50
	$	4784 —
Commission d'achat et remboursement 5 %	»	239.20
	$	5023.20
Remboursement à 90 jours de vue sur Paris à F. 5 pour $ 1	F.	25116.—

FRAIS AU HAVRE

Fret à 47285 ℔ à 2 cents et 5 % la ℔ = $ 992,99 à F. 5.25		F. 5213.20		
Permis, recevoir, échantillonner, transport, mise en Magasin, 1 mois magasinage et livraison		» 249.75		
Assurance maritime 2 ½ % sur F. 27627.60		» 690.69		
Assurance contre le feu 1‰ sur F. 27627.60		» 27.03		
Commission de banque ½ % sur F. 25116		» 125.58		
Escompte à la vente	2¼ %			
Courtage de vente	¼ %			
Perte d'intérêts	½ %			
Commission de vente	2 %			
Ensemble	5 % sur F. 33076.68	» 1653.83	»	7960.68
			F.	33076.68

RENDEMENT de poids : 100 ℔ = 45 ½ kil. bruts.

Brut		kil 21515	
Cordes		» 12	
		kil. 21503	
Réfactions	50		
Tare 3 %	645	695	
Net		kil. 20808	à F. 158.96 les 100 kil. entrepôt ... F. 33076.40

PRIX DE REVIENT AU HAVRE DES 100 KIL. ENTREPOT.

AUX CHANGES SUIVANTS SUR PARIS POUR $ 1

Avec la parité des changes sur LONDRES calculés sur la base de F. 25.25 = £ 1

	PRIX D'HONOLULU en cents par ℔	PARIS F. 4.80 — LONDRES $ 526.04 = £ 100	PARIS F. 4.90 — LONDRES $ 515.31 = £ 100	PARIS F. 5.00 — LONDRES $ 505.00 = £ 100	PARIS F. 5.10 — LONDRES $ 495.10 = £ 100	PARIS F. 5.20 — LONDRES $ 485.58 = £ 100	PARIS F. 5.30 — LONDRES $ 476.42 = £ 100	PARIS F. 5.40 — LONDRES $ 467.59 = £ 100	10 c. sur le change font au Havre par 100 kil.
SEMBIT. Coût et frais var.	C. ¼	F. 3.11	3.18	3.24	3.31	3.37	3.44	3.50	0.06
	½	6.23	6.36	6.49	6.62	6.75	6.88	7.01	0.13
	¾	9.34	9.54	9.73	9.93	10.12	10.32	10.51	0.20
	1.—	12.46	12.72	12.98	13.24	13.50	13.76	14.02	0.26
Coût et frais variables et invariables	10.—	153.71	156.33	158.96	161.58	164.21	166.83	169.46	2.62
	11.—	166.17	169.06	171.94	174.82	177.71	180.59	183.48	2.88
	12.—	178.63	181.78	184.92	188.06	191.21	194.35	197.50	3.14
	13.—	191.09	194.50	197.90	201.30	204.71	208.12	211.52	3.40
	14.—	203.55	207.22	210.88	214.54	218.21	221.87	225.54	3.66
	15.—	216.01	219.94	223.56	227.78	231.70	235.63	239.55	3.92
	16.—	228.47	232.66	236.84	241.02	245.21	249.39	253.57	4.18
	17.—	240.93	245.38	249.82	254.26	258.71	263.15	267.59	4.44
	18.—	253.39	258.10	262.80	267.50	272.21	276.91	281.61	4.70
	19.—	265.85	270.82	275.78	280.74	285.71	290.67	295.63	4.96
	20.—	278.32	283.54	288.76	293.98	299.20	304.42	309.64	5.22
	30.—	402.93	410.74	418.56	426.37	434.19	442.—	449.82	7.81
Logarithmes des Changes		124608	127204	129800	132396	134992	137588	140184	002596
Frais invariables par 100 kil.		F.29.10	F.29.13	F.29.16	F.29.19	F.29.22	F.29.25	F.29.28	F. 0.03

OBSERVATIONS

¼ cent et 5 % par ℔ sur le fret font une différence de F. 3.30 par kil. sur les prix.

Logarithme sans le change 2.5960

On veut savoir le revient au Havre de Laine en suint achetée à Honolulu à 11 ¼ cents la ℔, au change de F. 5 20 par $ 1 sur Paris et au fret de 2 cents et 5 % la ℔.

On trouvera dans la 1re et 6e colonne de ce tableau que :

C. 11 font au Havre par 100 kil	F. 177.71
» ¼ » »	» 3.37
C. 11¼ feront au Havre les 100 kil	F. 181.08

Ou par le calcul du logarithme :

25960 × F. 5.20 change = 134992	
134992 × 11¼ cents prix =	F. 151.86
plus les frais invariables par 100 kil.	» 29.22
Revient égal	F. 181.08

Droits de Douane par 100 kil. en Juin 1889.

Hors d'Europe sous tous pavillons	Exempte
Du cru des pays d'Europe	Id.
D'ailleurs	F. 3.00

COMPTE D'ACHAT ET DE REVIENT

A 849 PEAUX DE BŒUFS SALÉES SÈCHES

849 Peaux de Bœufs salées sèches pesant 23969 ₲ à 10 cents la ₲ .... ₣ 2396.90

FRAIS A HONOLULU

Recevoir, empaqonner, mise à bord .... » 42.45
                                                      ₣ 2489.35
Commission d'achat et remboursement 5 % .... » 121.97
                                                      ₣ 2561.32
         Remboursement sur Paris à 90 jours de vue à F. 5 pour ₣ 1 .... F. 12805.60

FRAIS AU HAVRE

Fret à 23969 ₲ à 1 cent et 5 % la ₲ = ₣ 251.67 à F. 5.25 .... F. 1321.27
Permis, recevoir, échantillonner, transport, mise en magasin, 1 mois
    magasinage et livraison .... » 212.25
Assurance maritime 2 ½ % sur F. 14087.93 .... » 352.17
Assurance contre le feu à 1 %, sur F. 14087.93 .... » 14.09
Commission de banque à ½ % sur F. 12806.60 .... » 64.03
Escompte à la vente .... 2 ¼ %
Courtage de vente .... ¼ %
Perte d'intérêts .... ¼ %
Commission de vente .... 2 %
         Ensemble .... 5 % sur F. 15547.80 .... » 777.39   2741.20
                                                      F. 15547.80

         RENDEMENT de poids : 100 ₲ = 46 kil.

Kil. 11026 à F. 141.01 les 100 kil. entrepôt .... F. 15547.76

PRIX DE REVIENT AU HAVRE DES 100 KIL. ENTREPOT

AUX CHANGES SUIVANTS SUR PARIS POUR ₣ 1

Avec la parité des changes sur LONDRES calculés sur la base de F. 25.25 = £ 1

PRIX à HONOLULU en cents par ₲	PARIS F. 4.80 LONDRES ₣ 529.04 = £ 100	PARIS F. 4.90 LONDRES ₣ 515.31 = £ 100	PARIS F. 5.00 LONDRES ₣ 505.00 = £ 100	PARIS F. 5.10 LONDRES ₣ 495.10 = £ 100	PARIS F. 5.20 LONDRES ₣ 485.58 = £ 100	PARIS F. 5.30 LONDRES ₣ 476.42 = £ 100	PARIS F. 5.40 LONDRES ₣ 467.59 = £ 100	10 c. sur le change font au Havre par 100 kil.
½	F. 1.49	F. 1.52	F. 1.55	F. 1.58	F. 1.62	F. 1.65	F. 1.68	F. 0.03
½	2.98	3.04	3.10	3.16	3.23	3.29	3.35	0.06
¾	5.96	6.08	6.20	6.33	6.46	6.58	6.70	0.12
½	8.94	9.12	9.30	9.49	9.68	9.87	10.05	0.19
4	11.99	12.17	12.41	12.66	12.91	13.16	13.41	0.25
5	76.75	77.64	78.98	80.23	81.51	82.80	84.09	1.29
6	88.37	89.81	91.35	92.89	94.42	95.96	97.50	1.54
7	100.19	101.98	103.76	105.55	107.33	109.13	110.91	1.79
8	112.11	114.15	116.18	118.21	120.24	122.28	124.32	2.04
9	124.03	126.32	128.59	130.88	133.16	135.44	137.73	2.28
10	135.96	138.49	141.01	143.54	146.07	148.60	151.12	2.53
11	147.88	150.66	153.43	156.20	158.98	161.76	164.53	2.78
12	159.80	162.83	165.85	168.86	171.89	174.92	177.94	3.02
13	171.72	175.—	178.26	181.52	184.80	188.08	191.35	3.27
14	183.64	187.17	190.67	194.18	197.71	201.24	204.76	3.52
15	195.57	199.33	203.10	205.86	210.63	214.39	218.16	3.76
Logarithme des changes	119208	121691	124175	126658	129142	131625	134109	002484
Frais invariables par 100 kil.	F. 16.75	F. 16.79	F. 16.84	F. 16.88	F. 16.93	F. 16.97	F. 17.02	F. 0.04

OBSERVATIONS

½ cent et 5 % par ₲ sur le fret font une différence de F. 3.16 par 100 kil. sur les prix.

Logarithme 1000 le change 24855

On veut savoir le revient au Havre de l'eaux de
Bœufs salées sèches achetées à Honolulu à 6 % c. la ₲,
au change de F. 5.30 le ₣, et au fret de 1 cent et 5 % la ₲.
On trouvera dans la 1re et 6e colonne de ce tableau
que :
C. 6   font les 100 kil .... F. 94.42
    ½ .... » 9.58
C. 6 ½ feront au Havre les 100 kil .... F. 104.10

Ou par le calcul du logarithme :
24855 × 5.30 change = 131742.
131742 × 6½ cents prix .... » 87.77
    plus frais invariables .... » 16.88
                                   Revient égal .... F. 104.10

Droit de Douane par 100 kil., en Juin 1909.
Des pays hors d'Europe sous tous pavillons. Exemptes.

COMPTE D'ACHAT ET DE REVIENT

A 200 PEAUX DE MARTRE

5 caisses bois et fer blanc contenant 200 peaux de Martre à ƒ 2 la pièce .... ƒ	400.—

FRAIS A HONOLULU

5 caisses bois et fer blanc .... ƒ	15.	
Recevoir, souder et mise à bord	15.	30.—
		ƒ 430.—
Commission d'achat et remboursement 5 %		» 21.50
		ƒ 451.50
Remboursement sur Paris à 90 jours de vue F. 5 pour ƒ 1		F. 2257.50

FRAIS AU HAVRE

Fret sur 20 pieds cubes, à ƒ 20 et 5 % les 40 PC, ƒ 15.75 à F. 5.25 .... F.	82.69		
Permis, recevoir, échantillonner, transport, mise en magasin, 1 mois magasinage et livraison	25.—		
Assurance maritime inclusivement 2 ¼ % sur F. 2483.25 .... »	82.08		
Assurance contre le feu 1 ½ sur F. 2483.25 .... »	3.46		
Commission de banque ½ % sur F. 2257.50 .... »	11.29		
Courtage de vente .... ¼ %			
Escompte à la vente .... 2 ¼ %			
Perte d'intérêts .... ½ %			
Commission de vente .... 2 %			
Ensemble .... 5 % sur F. 2560.59 .... »	128.43	»	312.02
			F. 2569.52

RENDEMENT :

200 Peaux à F. 12.85 la pièce .... F.	2570.—

PRIX DE REVIENT PAR PIÈCE EN ENTREPOT

AUX CHANGES SUIVANTS SUR PARIS POUR ƒ 1

Avec la parité des changes sur LONDRES calculée sur la base de 1 £ = F. 25.25

PRIX à HONOLULU en ƒ par pièce	PARIS F. 4.80 — LONDRES ƒ 526.04 = £ 100	PARIS F. 4.90 — LONDRES ƒ 515.31 = £ 100	PARIS F. 5.00 — LONDRES ƒ 505.00 = £ 100	PARIS F. 5.10 — LONDRES ƒ 495.10 = £ 100	PARIS F. 5.20 — LONDRES ƒ 485.58 = £ 100	PARIS F. 5.30 — LONDRES ƒ 476.42 = £ 100	PARIS F. 5.40 — LONDRES ƒ 467.59 = £ 100	10 c. sur le change font en livre par pièce
ACHAT, frais et frais variables ¼	F. 1.37	F. 1.40	F. 1.43	F. 1.46	F. 1.49	F. 1.52	F. 1.55	F. 0.03
½	2.74	2.80	2.85	2.91	2.97	3.03	3.09	0.06
1	5.46	5.60	5.71	5.83	5.94	6.06	6.17	0.11
Droit et frais variables et invariables 2	12.36	12.00	12.84	13.09	13.33	13.57	13.81	0.24
2½	15.10	15.40	15.69	16.—	16.30	16.60	16.90	0.30
3	17.84	18.20	18.56	18.91	19.27	19.63	19.99	0.36
3½	20.58	21.—	21.41	21.82	22.24	22.66	23.08	0.42
4	23.32	23.80	24.27	24.74	25.21	25.69	26.16	0.47
4½	26.06	26.60	27.12	27.65	28.18	28.72	29.25	0.53
5	28.81	29.39	29.98	30.57	31.16	31.74	32.33	0.59
5½	31.54	32.19	32.83	33.48	34.13	34.77	35.42	0.65
6	34.29	34.99	35.69	36.40	37.10	37.80	38.50	0.70
Logarithmes des des changes	54835	55977	57120	58262	59405	60547	61690	01143
Frais invariables par pièce	F. 1.39	F. 1.40	F. 1.42	F. 1.43	F. 1.45	F. 1.46	F. 1.48	F. 0.01

OBSERVATIONS

ƒ 5 et 5 % par 40 pieds cubes sur le fret font une différence de F. 0.11 par pièce sur les prix.

Logarithme sans le change 11474

On veut savoir le revient au Havre de l'eaux de Martre achetées à Honolulu à ƒ 3 ½ la pièce, au change de F. 5.40 pour ƒ 1 sur Paris et au fret de ƒ 20 et 5 % les 40 pieds cubes. On trouvera dans la 1re et 6e colonne de ce tableau que : ƒ 3½ font au Havre la pièce .... F. 23.08	On par le calcul du logarithme : 11474 × F. 5.40 change = 61690. 61690 × 3½ prix .... F. 21.60 plus frais invariables .... » 1.48 Revient égal ...... F. 23.08 Droit de Douane par 100 kil. Des pays hors d'Europe sous tous pavillons. Exempts. D'Europe .... F. 2.—

COMPTE D'ACHAT ET DE REVIENT

A 3538 SACS RIZ EN PAILLE

3538 Sacs Riz en paille, pesant :

Brut	362893 ₰		
Tare	4422 »		
Net	358471 ₰ à $ 3 les 100 ₰	$	10754.13

FRAIS A HONOLULU

Recevoir, transport et mise à bord	»	176.90
	$	10931.03
Commission d'achat et remboursement 5 %	»	546.55
	$	11477.58
Remboursement sur Paris à 90 jours de vue à F. 5 pour $ 1	F.	57387.90

FRAIS AU HAVRE

Fret sur brut kil. 159673, à $ 15 et 5 % les $\frac{2240\ ₰}{1015\ kil.}$, $ 2477.69 à F. 5.25	F.	13007.87	
Permis, recevoir, échantillonner, transport, mise en magasin, 1 mois magasinage et livraison	»	1051.40	
Assurance maritime 2 ½ % sur F. 63126.69	»	1578.17	
Assurance contre le feu 1 ‰ sur F. 63126.69	»	63.13	
Commission de banque ½ % sur F. 57387.90	»	286.94	
Escompte à la vente 2 ¼ %			
Courtage de vente ¼ %			
Perte d'intérêts ½ %			
Commission de vente 2 %			
Ensemble 5 % sur F. 77237.27	»	3861.86	» 19849.37
			F. 77237.27

Rendement de poids : 100 ₰ brutes = 44 kil. bruts.

Brut		kil. 159673	
Tare 2 %	3193		
Réfactions	1769	» 4962	
Net		kil. 154711 à F. 49.93 les 100 kil entrepôt	F. 77247.20

PRIX DE REVIENT AU HAVRE DES 100 KIL. ENTREPOT

AUX CHANGES SUIVANTS SUR PARIS POUR $ 1

Avec la parité des changes sur Londres calculés sur la base de F. 25.25 = £ 1

	PRIX à HONOLULU en cts par 100 ₰	PARIS F. 4.80 — LONDRES $ 526.04 = £ 100	PARIS F. 4.90 — LONDRES $ 515.31 = £ 100	PARIS F. 5.00 — LONDRES $ 505.00 = £ 100	PARIS F. 5.10 — LONDRES $ 495.10 = £ 100	PARIS F. 5.20 — LONDRES $ 485.58 = £ 100	PARIS F. 5.30 — LONDRES $ 476.42 = £ 100	PARIS F. 5.40 — LONDRES $ 467.59 = £ 100	10 c. sur le change font au Havre par 100 kil.
Subrut. — Coût et frais variables	$ ⅛	F. 1.59	F. 1.62	F. 1.66	F. 1.69	F. 1.72	F. 1.76	F. 1.79	F. 0.03
	¼	3.17	3.24	3.31	3.38	3.44	3.51	3.57	0.06
	½	6.35	6.48	6.62	6.75	6.88	7.02	7.14	0.13
	¾	9.52	9.72	9.93	10.12	10.32	10.53	10.71	0.20
	1	12.70	12.97	13.23	13.50	13.76	14.03	14.29	0.26
Coût et frais variables et invariables	2	35.60	36.14	36.69	37.23	37.78	38.32	38.87	0.54
	2½	41.95	42.62	43.31	43.98	44.66	45.35	46.01	0.67
	3	48.30	49.11	49.92	50.73	51.54	52.35	53.16	0.81
	3½	54.65	55.60	56.55	57.48	58.42	59.38	60.30	0.94
	4	61.01	62.08	63.16	64.23	65.31	66.38	67.46	1.07
	4½	67.36	68.56	69.78	70.98	72.19	73.40	74.60	1.20
	5	73.71	75.05	76.39	77.73	79.07	80.41	81.75	1.34
	5½	80.06	81.54	83.02	84.48	85.95	87.44	88.90	1.47
	6	86.42	88.02	89.63	91.23	92.84	94.44	96.05	1.60
Logarithmes des changes		127056	129703	132350	134997	137644	140291	142938	002647
Frais invariables par 100 kil.		F. 10.19	F. 10.20	F. 10.22	F. 10.24	F. 10.25	F. 10.26	F. 10.28	F. 0.02

OBSERVATIONS

$ 1 et 5 % par $\frac{2240\ ₰}{1015\ kil.}$ sur le fret font une différence de F. 0.59 par 100 kil. sur les prix.

Logarithme sans le change 26470

On veut savoir le revient au Havre de Riz en paille acheté à Honolulu à $ 2¼ les 100 ₰, au change de F. 5.10 la $ sur Paris et au fret de $ 15 et 5 % les 2240 ₰ :

On trouvera dans la 1re et 5e colonne de ce tableau que :

$ 2 font les 100 kil.	F. 37.23
» ¼ » »	» 3.38
$ 2¼ feront au Havre les 100 kil.	F. 40.61

Ou par le calcul du logarithme :

26470 × 5.10 change = 134997.

134997 × 2¼ prix =	F. 30.37
plus frais invariables	» 10.24
Re[d]vient égal	F. 40.61

Droits de Douane par 100 kil. en Juin 1869.

Des pays hors d'Europe sous tous pavillons	F. 0.30
D'Europe	» 2.10

COMPTE D'ACHAT ET DE REVIENT

A 225 FUTS SUIF

225 Fûts Suif, pesant :

Brut .... 73023 ℔			
Tare nette .... 11684 » environ 16 %			
Net ..... 61339 ℔ à 6 cents la livre		$	3680.34

FRAIS A HONOLULU

Réception et frais à bord	»	46.20
	$	3726.54
Commission d'achat et remboursement 5 %	»	186.33
	$	3912.87
Remboursement à 90 jours de vue sur Paris à F. 5 pour $ 1	F.	19564.35

FRAIS AU HAVRE

Fret à 61339 ℔, à 1 cent et 5 % par ℔, $ 644.06 à F. 5.25		F.	3381.32		
Permis, recevoir, échantillonner, transport, mise en magasin, 1 mois magasinage et livraison		»	270.—		
Assurance maritime 2 ½ % sur F. 21520.78		»	538.02		
Assurance contre le feu 1 ‰ sur F. 21520.78		»	21.52		
Commission de banque ½ % sur F. 19564.35		»	97.82		
Escompte à la vente	2¼ %				
Courtage de vente	¼ %				
Perte d'intérêts	½ %				
Commission de vente	2 %				
Ensemble	5 % sur F. 25129.51	»	1256.48	»	5565.10
				F.	25129.51

RENDEMENT de poids : 100 ℔ brutes = 42 ½ kil. bruts.

Brut .... kil. 31085		
Tare nette ..... » 6207 à 20 %		
Net ..... kil. 24828 à F. 101.21 les 100 kil. entrepôt	F.	25128.42

PRIX DE REVIENT AU HAVRE DES 100 KIL. ENTREPOT

AUX CHANGES SUIVANTS SUR PARIS POUR $ 1

Avec la parité des changes sur LONDRES calculés sur la base de £ 1 = F. 25.25

PRIX à HONOLULU en cents par ℔	PARIS F. 4.80 — LONDRES $ 526.04 = £ 100	PARIS F. 4.90 — LONDRES $ 515.31 = £ 100	PARIS F. 5.00 — LONDRES $ 505.00 = £ 100	PARIS F. 5.10 — LONDRES $ 495.10 = £ 100	PARIS F. 5.20 — LONDRES $ 485.58 = £ 100	PARIS F. 5.30 — LONDRES $ 476.42 = £ 100	PARIS F. 5.40 — LONDRES $ 467.59 = £ 100	10 c. sur le change font au Havre par 100 kil.
[Subdivisions — Cents et frais variables] C. ⅛	F. 1.69	F. 1.73	F. 1.77	F. 1.80	F. 1.84	F. 1.87	F. 1.90	F. 0.03
¼	3.38	3.46	3.53	3.60	3.67	3.74	3.81	0.07
½	6.77	6.92	7.06	7.20	7.34	7.48	7.62	0.14
¾	10.15	10.38	10.59	10.80	11.01	11.22	11.43	0.21
1	13.55	13.83	14.11	14.39	14.67	14.96	15.24	0.28
[Cents et frais variables et invariables] 4	70.69	71.84	72.99	74.14	75.29	76.44	77.59	1.15
5	84.24	85.67	87.10	88.54	89.96	91.40	92.83	1.43
6	97.78	99.50	101.21	102.92	104.63	106.34	108.06	1.71
7	111.33	113.33	115.32	117.32	119.30	121.30	123.30	1.99
8	124.88	127.15	129.43	131.70	133.98	136.25	138.53	2.27
Logarithmes des changes	135475	138297	141120	143942	146765	149587	152410	002822
Frais invariables par 100 kil.	F. 16.50	F. 16.52	F. 16.54	F. 16.56	F. 16.58	F. 16.60	F. 16.62	F. 0.02

OBSERVATIONS

¼ cent et 5 % par ℔ sur le fret font une différence de F. 3.59 par 100 kil. sur les prix.

Logarithme sans le change 2.8224

On veut savoir le revient au Havre de Suif acheté à Honolulu à 5 ½ cents la ℔, au change de F. 5.20 par $ sur Paris et au fret de 1 cent et 5 % la ℔ nette.

On trouvera dans la 1re et 6e colonne de ce tableau que :

C. 5 font par 100 kil	F. 89.96
» ½ » »	» 7.34
C. 5½ feront au Havre les 100 kil	F. 97.30

Ou par le calcul du logarithme :
28224 × 5.20 change = 146765.

146765 × 5 ½ cents prix	F. 80.72
plus frais invariables	» 16.58
Revient égal	F. 97.30

Dreits de Deuane par 100 kil. bruts en Juin 1869

Des pays hors d'Europe sous tous pavillons ..	Exempt.
Des hntrepôts	F. 2.—

AMÉRIQUE CENTRALE

En jetant les yeux sur une carte du Nouveau-Monde, on ne remarque d'abord que les deux continents du Nord et du Sud. La langue de terre qui unit ces deux colosses paraît si peu de chose auprès d'eux, qu'on ne suppose pas qu'il y ait là un peuple et à plus forte raison une société indépendante de ses voisins. Mais en y regardant de plus près, on reconnaît bien vite qu'il s'agit d'un territoire plus grand que la France, d'une admirable distribution de cours d'eau, de plateaux et de montagnes, d'un développement de côtes sans égal, eu égard à la superficie du sol et surtout d'une situation privilégiée entre les deux bassins océaniques. Resserrée entre deux étranglements du Golfe du Mexique et de la Mer des Antilles, elle devrait géographiquement commencer à l'isthme de Tehuantepec et finir à l'isthme de Panama, entre le 8e et le 22e degré de latitude septentrionale. Mais les combinaisons politiques lui ont enlevé une partie de ce territoire au profit du Mexique et de la Nouvelle-Grenade, ses deux voisins du Nord et du Sud, et elles ont créé ainsi des difficultés de limites qu'on ne résoudra peut-être qu'en rentrant dans les conditions géographiques.

Telle qu'elle est cependant, l'Amérique Centrale possède tous les éléments d'une puissante vitalité nationale. La superficie, de 27 à 28,000 lieues carrées, égale celle de la France. Les 800 lieues de côtes offrent au commerce plusieurs ports magnifiques et à la pénétration intérieure des facilités exceptionnelles. Les 2,665,000 habitants ne sont pas en rapport avec l'étendue de leur pays. La température varie selon les hauteurs, mais elle est partout plus tolérable qu'à Paris au mois d'Août, grâce aux brises alternées des deux mers et sur certains plateaux comme à Costa-Rica, elle réalise l'idéal d'un printemps éternel. La salubrité du climat est complète dans l'intérieur; si quelques points des côtes sont accidentellement insalubres dans la saison des pluies, ils ne le sont plus que les bouches des fleuves, et les fièvres intermittentes qu'on y contracte cèdent toujours à un régime fortifiant et à quelques précautions d'hygiène.

D'abord province espagnole, sous le nom de Royaume de Guatemala, elle a été gouvernée pendant près de trois siècles, de 1524 à 1822, par un gouverneur résidant à Guatemala, ville de 50,000 habitants, située dans la région du Nord et qui est restée la ville littéraire et intellectuelle de l'isthme et le seul dépôt des archives nationales.

En 1821, la province guatemalienne suivit le sort de toute l'Amérique espagnole. À peine s'était-elle déclarée indépendante, que le Mexique l'absorbe par la force. Seize mois après, la mort d'Iturbide lui rendit son autonomie. Elle se constitue alors en République fédérative, composée de cinq états, qui sont aujourd'hui : Guatemala — San-Salvador — Honduras — Nicaragua — Costa-Rica.

C'étaient les États fédérés de l'Amérique Centrale, décrétés par la Constitution du 28 Novembre 1824. Leur union dura près de vingt-cinq ans, avec de nombreuses alternatives de paix et de troubles. Enfin, l'esprit de séparation l'emporta, et depuis une quinzaine d'années, les cinq Républiques que nous venons de citer sont des États souverains et indépendants.

Superficie et population.

	KILOM. CARRÉS	HABITANTS	PAR KIL. CARRÉS	CAPITALES	HABITANTS
Guatemala.........	105,812	1,180,000	11	Guatemala........	50,000
San-Salvador......	18,997	600,000	32	San-Salvador......	20,000
Honduras..........	130,655	350,000	3	Comayagua........	7,500
Nicaragua.........	151,904	400,000	3	Managua..........	10,000
Costa-Rica.........	55,609	135,000	2	San-José..........	25,000
	432,897	2,665,000	6		

HONDURAS

Président : Jos.-Marie Médina, réélu en février 1866. — Chambre législative de 11 Députés. — Sénat de 7 Membres.

Superficie : 150,655 kilomètres carrés.

Population : 350,000 habitants.

Capitale : Comayagua, 7,500 habitants.

Provinces : Comayagua, 70,000 habitants. — Tegucigalpa, 60,000. — Choluteca, 50,000. — Santa-Barbara, 20,000 — Gracias, 20,000. — Yoro, 20,000. — Olancho, 45,000.

Ports. — Omoa, sur l'Atlantique, qui n'est guère en relation qu'avec celui de Balise, établissement anglais à l'embouchure de la rivière du même nom. Dans le port de Balise, les navires sont en parfaite sécurité pour charger le bois d'acajou, principal produit.

Poids, Mesures et Monnaies. — Comme à la Jamaïque.

NICARAGUA

PRÉSIDENT : Fernand Guzmon, élu pour 4 ans, en mars 1867. — Assemblée législative. — Sénat.

SUPERFICIE : 119,462 kilomètres carrés après la nouvelle réunion à Greytown et au territoire de Mosquito.

POPULATION : 400,000 habitants, dont 30,000 blancs, 10,000 nègres, le reste se compose d'Indiens et de Métis.

CAPITALE : Managua, 10,000 habitants ; ancien chef-lieu, Léon, 35,000 habitants.

5 PROVINCES : Rivas. — Granada. — Léon. — Ségovie. — Matagalpa.

Ports. — RÉALEJO, tout près de l'embouchure de la rivière du même nom qui se décharge dans une baie de l'Océan Pacifique, à 67 kilomètres N.-O. de l'ancienne capitale de Léon, et à 490 kilomètres N.-S.-E. de Guatemala. Port commode et sûr. Les navires peuvent remonter la rivière qui est large et profonde. Il y a des chantiers et bassins pour les constructions navales et le radoub. Les paquebots à vapeur de Panama touchent régulièrement à Réalejo.

GREYTOWN (naguère Sau-Juan du Nord), port neutre, situé sur la mer des Antilles, à l'embouchure de la rivière de San-Juan, où les Américains avaient établi un service de bateaux à vapeur qui naviguaient également sur le lac, en vue de faciliter le mouvement de l'émigration et du transit vers la Californie.

Monnaies, Poids et Mesures. — Comme dans les autres états de l'Amérique Centrale.

COSTA-RICA

PRÉSIDENT : Joseph-Marie Castro, élu en Mai 1866. — Chambre de Députés. — Sénat de 25 Membres.

SUPERFICIE : 53,669 kilomètres carrés.

POPULATION : 135,000 habitants.

CAPITALE : San-José, 20,000 habitants.

PROVINCES :

	En 1844		En 1864	
San-José	26,949 habitants	»	37,105 habitants
Cartago	19,884	»	22,017	»
Alajuela	10,837	»	27,164	»
Heredia	17,286	»	17,838	»
Guanacaste	5,193	»	10,425	»
Punta-Arenas	888	»	4,632	»

En 1844 79,985 habitants En 1864 120,471 habitants plus 14,500 étrangers.

Le territoire de Costa-Rica, le plus méridional de l'Amérique Centrale, forme un enchaînement du plateaux descendus des Cordillères, de 50 à 60 lieues de largeur entre les deux Océans, de 3,000 lieues carrées de superficie, et dont le plateau principal, celui de San-José, est à 4,000 pieds au-dessus du niveau de la mer. La chaleur tropicale devient sans inconvénient et sans danger à cette hauteur. Le thermomètre Réaumur s'y maintient toute l'année entre le 16ᵉ et le 24ᵉ degré.

Le principal article d'exportation est le Café, qui se récolte de Novembre à Décembre, et s'exporte de Janvier à Avril.

		EXPORTATIONS	IMPORTATIONS
De 1856 à 1860,	moyenne par année	ƒ 1.146.500	ƒ 917.000
» 1861 à 1864,	» »	» 1.697.900	» 1.128.200
1865,	» »	» 1.998.000	» 2.000.000

Ports. — PUNTA-ARENAS, sur la mer Pacifique, dans le golfe de Nicoya, relié à San-José, capitale, par une route carrossable. Ce port est formé par une langue de sable à laquelle il doit son nom. Climat sain, chaleur étouffante. L'origine de la ville, qui ne compte que quelques milliers d'habitants, ne remonte qu'à 1840, époque à laquelle l'ancien port de la Caldera a été abandonné à cause de son insalubrité. En 1866, 71 navires d'environ 72,000 tonneaux sont entrés et 67 navires d'environ 69,000 tonneaux sont sortis.

LIMON, sur la mer Atlantique, ouvert depuis Septembre 1867 seulement, et encore sans importance. Le Gouvernement a conclu dernièrement une convention pour la construction d'un chemin de fer qui, suivant le 30ᵉ degré de latitude nord, conduira du port Limon au golfe de Nicoya sur la mer Pacifique.

GUATEMALA

PRÉSIDENT : Vincent Cerna, élu en Mai 1865, réélu en 1869 pour quatre ans. Chambre de représentants. — Une Cour suprême.

SUPERFICIE : 194,456 kilomètres carrés.

POPULATION : Environ 1,180,000 habitants.

CAPITALE : Guatemala, sur le Rio-de-las-Vacas, 40,000 habitants.

PROVINCES : Guatemala, 110,000 habitants. — Sacatepec, 48,000. — San-Marco, 25,000. — Chimaltenango, 60,000. — Sacheltepec, 40,000. — Escuintla, 30,000. — Amatitlan, 40,000. — Santa-Rosa, 59,000. — Mita, 80,000. — Solola. — Totonicapan. — Gueguetenango. — Quesaltenango, 75,000. — Chiquimula, 80,000. — Vera-Paz, 10,000. — Salama, 120,000. — Izabal, 15,000.

Les échanges avec l'étranger s'opèrent par les principaux ports :

Izabal, sur l'Atlantique ;

San-José, sur le Pacifique.

Ports. — IZABAL, sur le golfe de Honduras, est situé sur un lac qui communique avec la mer par le Rio-Dulce, sorte de canal dont l'eau est profonde, mais une barre interdit l'entrée aux grands navires.

SAN-JOSÉ DE GUATEMALA, sur le Pacifique, n'est qu'une rade ouverte, où l'embarquement est quelquefois difficile. C'est néanmoins par ce port que s'importent et s'exportent la majeure partie des produits. Le transport de San-José à Guatemala se fait par des charrettes à bœufs, qui mettent de cinq à sept jours pour s'y rendre, la distance n'étant guère que de 120 kilomètres.

La Compagnie du chemin de fer de Panama a établi depuis nombre d'années un service de bateaux à vapeur entre Panama et San-José. Les départs ont lieu deux et trois fois par mois de

Panama et de San-José, et les bateaux touchent à Punta-Arenas, Réalejo, La Union, La Libertad et Acajutla et vice versá. L'accord existant entre cette Compagnie et la Compagnie générale transatlantique française, permet de charger avec connaissement direct, des ports indiqués pour les principaux ports d'Europe et vice versá.

Commerce.

	IMPORTATIONS	EXPORTATIONS	TOTAL
1858	$ 1,224,000	$ 3,025,000	$ 3,249,000
1859	» 1,690,000	» 1,707,000	» 3,397,000
1860	» 1,495,000	» 1,571,000	» 3,355,000
1861	» 1,020,000	» 1,273,000	» 2,293,000
1862	» 1,093,000	» 1,587,000	» 2,680,000
1863	» 737,000	» 1,612,000	» 2,349,000
1864	» 1,414,904	» 1,818,516	» 3,233,420
1865	» 1,649,702	» 1,833,325	» 3,483,027

La diminution des trois années 1861 à 1863 s'explique par trois mauvaises récoltes successives de cochenille, produit qui est une des principales ressources du pays. Le déficit des importations en 1863 a eu pour cause la guerre entre le Guatemala et le Salvador. La culture du caféier, de la canne à sucre et même celle du cotonnier sont en progrès.

Exportations par produits en 1863.

Cochenille	Surons d'env. 69 kil... 9,763	=	$ 850,000
Café	Quintaux 15,988	=	200,000
Sucre brut	id 39,039	=	138,000
Indigo	Surons 873	=	181,000
Peaux brutes	Nombre 21,690	=	18,000
Coton	Quintaux 580	=	16,000

Les retours se font généralement en produits, et lorsqu'ils se font en traites, celles sur Londres sont préférées, à 90 jours de vue, le £ sterling, $ 4 ¾ en moyenne : sur Paris, à 90 jours de vue, le $ à F. 5.

Cours des Monnaies. — La piastre = F. 5.31 ¼. — Le réal = F. 0.62 ½. — Le médio = F. 0.31 ¼. — La livre sterling = $ 4.75. — Le franc = $ 0.19. — La pièce de 5 francs = $ 0.95. — Le florin = $ 0.40.

Mesure de longueur. — La vare = 0.843 mètre.

Poids. — La livre = 0 kil. 460 gr. — L'arrobe = 11 kil. 500 gr. — Le quintal = 46 kil. — Le suron environ 69 kil.

Les essais faits à Paris par l'Hôtel des Monnaies, des diverses piastres en circulation à Guatemala et autres ports de l'Amérique Centrale, ont donné les résultats comparatifs suivants :

		POIDS	TITRE ARGENT	VALEUR
		grammes		fr. c.
Piastres	espagnoles de 1812	27	897.5	5 34.46
	espagnoles de 1798	27	900	5 35.25
	mexicaines de 1835	26.50	897.5	5 24.56
	Guatemala de 1864	26.50	902.5	4 87.67
4 réaux Guatemala de 1863		12.25	897.5	2 42.48
Piastre de San-Salvador		26	902.5	5 17
4 réaux id.		12	900	2 58.05

SAN-SALVADOR

PRÉSIDENT : François Duéñas, élu en 1865 pour quatre ans. — Chambre législative de 24 députés. — Sénat de 12 membres.

SUPERFICIE : 41,900 kilomètres carrés.

POPULATION : 600,000 habitants.

CAPITALE : San-Salvador, sur le Jiquilisco, 20,000 habitants.

8 PROVINCES : San-Miguel. — San-Vincente. — La Paz. — Cuscatlan. — San-Salvador. — Sonsonate. — Santa-Anna. — Chalatenango.

Les produits de cet état sont les mêmes qu'au Guatemala ; son sol est en général plus fertile, les habitants sont plus civilisés et par cela même plus laborieux. L'indigo connu en Europe sous le nom d'indigo de Honduras, est le produit le plus important ; la récolte est chaque année de 1,000,000 à 1,400,000 ℔. La culture du café se propage de plus en plus, il est d'une qualité supérieure. Les autres produits sont : la Cochenille, la Salsepareille, du Baume dit du Pérou, de la Vanille et du Caoutchouc.

Ports. — Les trois principaux ports sont : La Libertad, La Union, Acajutla, tous les trois desservis par une ligne de bateaux à vapeur qui y touchent plusieurs fois par mois, de Panama à San-José et vice versá.

Commerce.

	IMPORTATIONS	EXPORTATIONS	TOTAL
1864	$ 1,320,000	$ 2,240,000	$ 3,560,000
1865	» 2,130,000	» 2,310,000	» 4,440,000
1866	» 1,644,000	» 2,435,000	» 4,079,000
1867	» 1,080,000	» 2,385,000	» 2,955,000

Monnaies, Poids et Mesures. — Comme à Guatemala.

(Extrait du *Dictionnaire du Commerce* de MM. GUILLAUMIN & Cie, ainsi que de nos renseignements particuliers.)

COMPTE D'ACHAT ET DE REVIENT

A 500 SACS CAFÉ

500 Sacs Café à 127 ℔ nettes, 63500 ℔ à ƒ 9 par 100 ℔ .... ƒ   5715.—

FRAIS A PUNTA-ARENAS

500 Sacs vides premier emballage à 31 ¼ cents .... ƒ	156.25	
500 Sacs vides deuxième emballage à 50 cents .... »	250.—	
Transport des plantages à Punta-Arenas à 22 réaux pour deux sacs . »	687.50	
Magasinage à Punta-Arenas à 6 ¼ cents par sac.................... »	31.25	
Frais d'expédition, marquer à 12 ½ cents par sac.................... »	62.50	
Droits de sortie à 50 cents par 100 ℔ .... »	317.50	
Échantillons, ports de lettres, etc .... »	5.10 »	1510.—
		ƒ 7225.—
Commission d'achat et remboursement 5 % .... »	361.25	
		ƒ 7586.25
Remboursement à 90 jours de vue sur Paris à F. 4.70		
pour ƒ 1		F. 35655.38

FRAIS AU HAVRE

Fret par steamer à kil. 28892, à ℔ 10 et 5 % par $\frac{7249 \ ℔}{1015 \ kil.}$ = £ 298.17.5			
à F. 25.23 .... F.	7546.80		
Permis, recevoir, échantillonner, transport, mise en magasin, 1 mois			
magasinage et livraison.................... »	285.—		
Assurance maritime 2 % sur F. 39220.90.................... »	784.42		
Assurance contre le feu 1 ‰, sur F. 39220.90.................... »	39.22		
Commission de banque 1 % sur F. 35655.38.................... »	356.56		
Escompte à la vente.................... 2 ½ %			
Courtage de vente.................... ¼ %			
Commission de vente.................... 2 %			
Ensemble.................... 4 ½ % sur F. 46751.20 .... »	2103.82 »	11095.82	
		F. 46751.20	

RENDEMENT : 100 ℔ nettes = 45 ½ kil. bruts.

Brut.................... kil.	28892	
Double emballage.................... »	725	
	kil.	28607
Tare 2 %.................... kil.	578	
Réfaction 10 d°.................... »	50 »	628
Net.................... kil.	28044 à F. 166.70 ½ les 100 kil.......... F.	46750.85

PRIX DE REVIENT AU HAVRE DES 100 KIL. ENTREPOT

AUX CHANGES SUIVANTS SUR PARIS POUR ƒ 1

PRIX à PUNTA-ARENAS par 100 ℔		F. 4.50	F. 4.60	F. 4.70	F. 4.80	F. 4.90	F. 5.—	10 c. par ƒ sur le change font au Havre par 100 kil.
	℔ ¼	F. 2.89	F. 2.96	F. 3.02	F. 3.08	F. 3.15	F. 3.21	F. 0.06
	½	5.79	5.91	6.04	6.17	6.30	6.43	0.13
	¾	8.68	8.87	9.07	9.25	9.45	9.64	0.19
	1	11.58	11.83	12.09	12.34	12.60	12.86	0.26
	6	129.13	128.28	130.44	132.60	134.75	136.90	2.15
	7	137.71	140.11	142.58	144.94	147.35	149.76	2.41
	8	149.28	151.94	154.61	157.27	159.94	162.60	2.66
	9	160.86	163.77	166.70	169.61	172.54	175.46	2.92
	10	173.43	175.60	178.78	181.95	185.13	188.30	3.17
	11	184.01	187.43	190.87	194.29	197.73	201.16	3.43
	12	195.58	199.26	202.94	206.62	210.30	213.96	3.68
Logarithmes des changes		1157855	1183074	1208798	1234512	1900291	1283960	25719
Frais invariables par 100 kil.		F. 56.49	F. 57.50	F. 57.91	F. 58.52	F. 59.13	F. 59.74	F. 0.61

OBSERVATIONS

£ 1 et 5 % pour $\frac{7249 \ ℔}{1015 \ kil.}$ sur le fret font une différence de F. 2.82 les 100 kil. sur les prix.

Logarithmes sans le change 2,5719

On veut savoir le revient au Havre de Café acheté à
Punta-Arenas (Costa-Rica) à ƒ 7 les 100 ℔ espagnoles,
au change de F. 4.70 pour ƒ 1 et au fret de £ 10 et 5 %
par 2949 ℔.

On trouvera dans la 1re et 3e colonne de ce tableau que :
ƒ 7 font par 100 kil	F. 142.58
¼	» 9.07
ƒ 7 ½ font au Havre les 100 kil	F. 151.60

On par le calcul du logarithme :
9.3710 × 4.70 change = 1906799.
1906799 × 1 % prix.................... = F. 59.69
plus les frais invariables.................... » 57.91
       Revient égal.................... F. 151.60
Droits de Douane par 100 kil. soit (Janvier 1870) :
Des pays hors d'Europe sous tous pavillons.................... F. 50.40
D'Europe   id   id   » 55.40

MANILLE

Capitale de l'île de Luçon (la plus grande des Philippines), est située par 14° 36' de lat. N. et 118° 37' de long. O. Cette ville compte à peine 20,000 habitants, mais en y comprenant les faubourgs, la population de Manille n'est pas au-dessous de 160,000 âmes.

Manille est le centre commercial et administratif de l'archipel des Philippines, lequel se compose d'un très-grand nombre d'îles de toutes grandeurs, situées entre les parallèles de 5° 32' et 19° 38' lat. N., et les 114° 55' et 123° 43' de long. E. Une quarantaine de ces îles a de l'importance ; le surplus mérite à peine d'être signalé. L'île de Luçon, la plus grande de toutes, a environ 820 kilom. de long et 220 de large. Mindanao tient le second rang. Plusieurs de ces îles ne sont guère soumises aux Espagnols que de nom ; elles renferment des tribus sauvages qui ont conservé leur indépendance. Les îles de Yloïlo, de Zébu, de Taal sont livrées en partie à la culture et fournissent de fortes quantités de sucre qu'on apporte sur le marché de Manille.

L'ensemble des Philippines est partagé en 38 provinces, dont 19 se trouvent sur l'île de Luçon. La population se compose d'indigènes, vivant dans les montagnes, d'Indiens de race malaise, de Chinois. On croit que la population dépasse 6 millions.

Les blancs sont tout au plus au nombre de 30,000 ; ils résident en presque totalité à Manille ou aux environs. Peu de pays sont aussi favorisés que les Philippines sous le rapport du climat ; le sol est d'une fertilité admirable.

Il y a de fréquents coups de vent, de redoutables ouragans, connus sous le nom de typhons.

La saison pluvieuse dure habituellement de mai en septembre ; quelquefois elle se prolonge jusqu'au commencement de décembre. En juin et en juillet les vents soufflent souvent avec une fureur extrême dans la partie nord de Luçon.

Au XVII° et au XVIII° siècle, le gouvernement espagnol imposa à Manille un régime restrictif fort sévère. Les étrangers en étaient rigoureusement exclus ; les relations avaient lieu par la voie du Mexique ; un galion partait, chaque année, pour Acapulco ; il portait les produits de la Chine et du Japon et revenait chargé des articles d'Europe nécessaires à la colonie. On comprend quels retards et quelle augmentation de frais résultaient de ce système de communications, qui avait d'ailleurs le grave inconvénient de se trouver à peu près anéanti lorsque la guerre venait à éclater. Les galions furent souvent capturés par les Anglais qui les guettaient au passage ; le dernier d'entre eux partit pour Acapulco en 1811 et revint en 1815.

En 1784, la Compagnie de Carraques, établie en Espagne, ayant vu expirer son privilège, demanda et obtint le privilège exclusif du commerce des Philippines ; elle en prit le nom. A cette époque de monopole et de restriction, les bases sur lesquelles fut établie cette compagnie étaient empreintes d'un certain cachet libéral. Une somme de 4 % devait être prélevée sur les bénéfices pour servir à encourager l'industrie et l'agriculture dans la colonie. La compagnie devait acheter à Manille même les produits de l'Indo-Chine, sur lesquels elle voulait opérer ; elle ne devais point se mêler du commerce avec l'Amérique ; le cinquième du tonnage de chaque navire devait être réservé, moyennant un fret raisonnable, aux marchands philippins qui voudraient faire en Europe des expéditions pour leur compte ; 8,000 actions de 250 piastres chacune étaient mises à la disposition des Manillais. Tout cela n'empêcha pas que la compagnie ne fût vue de très-mauvais œil ; on n'avait d'autre idée que celle des relations avec le Mexique par la voie des galions. La compagnie voulut faire cultiver les terres et se procurer, soit de cette manière, soit au moyen de contrats, les marchandises qu'elle comptait expédier en Europe ; elle paya fort cher, fit des pertes, et vit bientôt ses opérations arrêtées par la guerre.

En 1789, le port de Manille avait été ouvert aux bâtiments étrangers, mais ils ne pouvaient y apporter que les produits de l'Inde et de la Chine. En 1809, une maison anglaise fut autorisée à s'établir dans cette ville ; en 1814, semblable autorisation fut accordée à tous les négociants étrangers. Le privilège de la Compagnie des Philippines, qui expira en 1834, ne fut pas renouvelé, et Manille libre alors de trafiquer directement avec tous les ports des deux mondes, vit ses affaires se développer rapidement.

Port de Manille. — Manille est construite au fond d'une vaste baie qui porte le même nom à l'embouchure de la rivière ; il s'y trouve 7 mètres à 7 mètres ½ d'eau. Les grands bâtiments s'arrêtent à Cavite, port situé dans la baie de Manille, à deux milles environ de la ville, et qui doit son nom au mot cavit, lequel, dans la langue des indigènes, signifie crochet ; c'est effectivement à peu près la forme de ce port ; il est bien abrité contre les vents d'ouest et de sud-ouest, et il offre un très-bon refuge à l'époque des moussons. Cavite est une petite ville retranchée, et le fort Saint-Philippe qui la protège n'est pas sans importance.

Un navire qui arrive et qui part sur lest ou qui ne met à terre aucune partie de son chargement, paie 12 ½ cents par tonneau de jauge. Si des marchandises sont débarquées ou embarquées, le droit est de 25 cents.

Les droits de rivière affectés à l'entretien d'un bateau-dragueur sont d'un demi-réal par tonneau pour un navire qui entre sur lest et repart chargé, ou qui se trouve dans la situation inverse. Un navire qui arrive et qui repart sur lest ne paie rien. Les droits de phare sont d'un demi-réal par tonneau pour les navires étrangers, un quart pour les bâtiments espagnols. Il y a aussi quelques bagatelles à payer au bureau du capitaine de port. Les bâtiments espagnols n'acquittent que la moitié de ces taxes.

Il n'existe point de pilotes brevetés, et on ne prélève point de droit de quai sur les marchandises débarquées. Les passagers qui arrivent avec un passe-port régulier peuvent débarquer immédiatement. Ceux qui n'ont pas de passe-port sont tenus de fournir une caution dans l'espace de vingt-quatre heures.

Le transbordement des marchandises est rigoureusement interdit. Les colis qu'on veut réexpédier doivent être débarqués, placés dans l'entrepôt et doivent être réembarqués avec une autorisation nouvelle. Le port de Manille est seul ouvert au commerce étranger, et les bâtiments étrangers ne peuvent faire le cabotage.

Les frais de magasinage sont de 1 à 1 ½ cent par picul et par mois ; le transport des marchandises de ¾ à 3 ½ cent selon la distance ; il ne s'effectue guère qu'au moyen de portefaix.

Le droit d'entrepôt est de 1 % ad valorem ; il est porté à 2 % si la marchandise séjourne plus d'un an ; deux ans est le plus grand délai qu'on accorde ; passé cette période, l'acquittement des droits ou la réexportation est obligatoire.

Des étrangers ne peuvent être propriétaires d'un navire construit dans la colonie. Des navires construits à l'étranger peuvent être la propriété d'Espagnols habitant aux Philippines, pourvu que le tonnage ne dépasse pas 400 tonneaux, mais pour obtenir le pavillon espagnol, il faut payer 8 piastres par tonneau.

Les bâtiments étrangers et les marchandises qu'ils portent sont presque toujours assurés en Angleterre et aux États-Unis. Il est à propos de faire remarquer que les bâtiments qui naviguent dans l'archipel des Philippines ou dans la Chine, doivent être armés afin de se défendre au besoin contre les pirates qui infestent ces parages.

Voies de communication. — Manille jouit d'une communication postale à vapeur avec l'Europe, grâce aux steamers anglais de la Compagnie péninsulaire et orientale, qui s'y rendent tous les quinze jours en venant de Hong-Kong et qui y retournent. Les avis de Londres parviennent ainsi, après un délai de deux mois environ, quelquefois plus, le service des bateaux éprouvent assez souvent des retards. Les communications avec l'Australie et la Californie s'effectuent au moyen de navires à voiles et n'offrent point de régularité.

Industrie. — Elle est bien peu active à Manille. Les Indiens fabriquent pour leur usage des cotonnades grossières, des meubles et des ustensiles de ménage.

La carrosserie et la bijouterie ont quelque importance dans un pays où tout Européen un peu à son aise doit avoir sa voiture, et où le luxe exerce une domination incontestée.

La fabrication des cigares est un objet important. Les constructions navales offraient jadis de l'intérêt ; elles trouvaient à s'exercer pour la création des galions, et plusieurs bâtiments de l'ancienne marine espagnole sortirent des ateliers des Philippines. On construit encore un assez grand nombre de petits navires employés au cabotage ; les bois sont bons et les ouvriers, qui sont tous des Indiens, sont intelligents mais paresseux et lents. Les voiles, les ancres, les chaînes-câbles, le cuivre à doublage se tirent d'Angleterre et des États-Unis.

Commerce. — La situation des Philippines est très-avantageuse pour le commerce, et entre les mains d'un peuple plus entreprenant que les Espagnols, avec un gouvernement plus actif et moins ami de la routine, cet archipel aurait acquis une importance tout autre que celle qu'il possède.

L'Angleterre qui se présente toujours en première ligne sur les divers marchés du globe, tire de Manille de fortes quantités de sucre et de chanvre, de bois de sapin, des cigares et des cuirs.

La France reçoit les mêmes articles, mais pour des sommes bien moins considérables.

Les relations des États-Unis avec Manille offrent de l'importance. Les Américains apportent surtout des tissus de coton écru, dont la consommation est considérable, et des objets propres à l'armement des navires. Ils prennent en retour des sucres et surtout du chanvre. Depuis quelques années de nouveaux marchés se sont ouverts pour les Philippines, grâce au rôle que l'Australie et la Californie sont venues jouer dans le commerce du monde. Les Philippines sont en mesure de fournir aux populations peu nombreuses encore, mais formées de consommateurs actifs qui habitent ces contrées, des sucres et des tabacs ; les expéditions de ce genre s'élèvent déjà à un chiffre considérable et doivent augmenter avec rapidité.

Les rapports de la Chine avec Manille ont une grande activité. Les Chinois achètent de l'indigo, du coton, des comestibles, de l'écaille. Ils envoient du numéraire, du thé, des tissus, etc. Lorsque la récolte du riz vient à manquer en Chine et lorsqu'en même temps elle est mieux favorisée aux Philippines, celles-ci effectuent des expéditions considérables.

Principaux articles de commerce de Manille. — SUCRE. — On plante la canne en mars et avril afin qu'elle soit forte quand viennent les pluies. La fabrication s'est bien perfectionnée ; jadis on se contentait d'écraser les cannes sous un moulin en pierre et de faire cuire le jus dans des vases de terre ; aujourd'hui quelques usines ont recours aux procédés le plus en harmonie avec les progrès de la science et emploient des machines à vapeur venues de l'Europe. La première qualité est connue sous le nom de terré courant (current clayed) ; elle vaut, en général, une piastre par picul de plus que les sucres de Pangasinan et deux piastres de plus que les sucres provenant des îles de Zébu, de Capiz, d'Yloïlo et de Taal, dont la fabrication est bien moins soignée. Indépendamment de ces qualités propres à l'exportation, on récolte aux Philippines des sucres très-communs à l'usage des Indiens qui s'en servent pour confectionner des confitures ou bonbons (dulces), pour assaisonner leur riz cuit et pour donner quelque saveur à l'eau, seul liquide dont ils fassent usage.

CHANVRE ou ABACA. — C'est la filasse du musa textilis, espèce de bananier qui se multiplie avec beaucoup de facilité. Au bout de trois ans, on enlève l'écorce ou feuille extérieure, on la coupe par lanières ; on l'écrase à coups de bâton ou à l'aide d'un instrument, on l'expose au soleil, on la lave, on la fait sécher de rechef et on en forme des ballots fortement pressées.

INDIGO. — Il croît surtout dans la province d'Ylocos, celle de Pangasinan en fournit aussi. Sa qualité est bien inférieure à celle de l'indigo Bengale. Il trouve aux États-Unis plus de débouchés qu'en Europe.

CAFÉ. — La production en est peu considérable ; les provinces de Batangas et de Lagunas fournissent ce qu'il y a de plus estimé en ce genre.

CACAO. — Celui qui vient dans l'île Zébu est le plus estimé ; du reste cet article n'entre point dans le relevé des exportations ; tout ce qui est produit se consomme dans le pays.

RIZ. — C'est le principal aliment des hommes et des bestiaux aux Philippines. On en distingue deux espèces principales : le riz de plaine et le riz de montagne ; on les subdivise en un grand nombre de qualités qui portent des noms différents. La culture de cette plante ne coûte presque aucun travail. Le riz des Philippines ne s'expédie point en Europe, mais parfois il s'en fait de forts envois vers la Chine ; parfois aussi la récolte est insuffisante, et l'on tire des quantités considérables de Java, de Siam ou d'autres contrées.

NCAILLE DE TORTUE. — Elle est apportée des îles Soulou ; la belle marchandise est en plaques transparentes, larges, sans crevasses. On ne fait aucun cas des petites pièces recourbées et brisées. Les Chinois établis à Manille expédient cette écaille en Chine ; on en fait des peignes, des boîtes et d'autres objets. Quelques envois ont aussi lieu vers l'Europe.

NACRE DE PERLE. — Cet article se tire également des îles Soolo et s'expédie principalement pour la Chine. Il est à propos de vérifier les colis, car les Malais, gens très-peu délicats, ne se font pas scrupule de mettre des pierres parmi les coquilles de nacre.

OPIUM. — Le débouché lucratif que cette drogue malfaisante trouve en Chine a provoqué aux Philippines la culture du pavot. Le terrain est favorable.

CUIRS. — Les chevaux et les bêtes à cornes introduits par les Espagnols se sont multipliés énormément ; les montagnes en possèdent de nombreux troupeaux à l'état sauvage. On leur donne la chasse afin de recueillir leurs peaux.

TABAC. — C'est un des produits les plus importants des Philippines. L'île de Luçon en fournit qui peut rivaliser avec les meilleures qualités qui existent. Le gouvernement s'arrogea en 1782 le monopole de la production, et depuis cette époque, la moyenne du produit net des ventes de la régie s'est élevée annuellement à plus de 500,000 piastres. Dans ces dernières années, un progrès considérable a été réalisé, et les ventes ont dépassé deux millions de piastres.

Il existe trois fabriques de cigares aux Philippines. Celle des Arroceros livre des cigarettes en papier : le tabac est découpé au moyen d'une machine à vapeur, et 3,000 ouvriers environ sont occupés à rouler du tabac dans les feuilles de papier. Dans la fabrique de Cavite, la manutention des petits cigares occupe 3,000 à 4,000 ouvriers ; à Binondo, elle emploie une foule de femmes et d'enfants.

Les cigarettes en papier se vendent en caisses contenant 1,026 paquets de 25 ou 36 cigarettes. Les cigares de Cavite se vendent par paquets de 30 et sont réservés pour la consommation locale ; les indigènes en font un usage énorme. Les cigares de Binondo se vendent en paquets de 10, 15, 20 ou 30 cigares, selon la qualité, ou en caisses de 1,000 cigares. On les distingue en cigares ordinaires, battos, supérieure ou fins, et ces catégories se partagent elles-mêmes en diverses espèces, appelées tercera, quarta, quinta.

Les exportations de Manille des principaux articles se sont élevées en 1833 à :

1,982,191 piculs Sucre		Valeur environ $	4,000,000
471,809 » Chanvre		»	2,125,000
27,222 » Café		»	500,000
64,888 » Riz		»	100,000

Poids et Mesures. — Le poids ordinaire est le picul. Mais les poids espagnols suivants sont également employés.

8 drams	équivalent à	1 once
16 onces ou 2 marks	»	1 livre
25 livres	»	1 arrobe = 25½ ℔ anglais
4 arrobes ou 100 ℔	»	1 quintal = 102 »
5 ½ arrobes ou 137 ½ ℔	»	1 picul = 140 »

Le pied espagnol vaut 11 ½ pouces anglais ; il est subdivisé en 12 pulgadas à 12 lignes. La vara, la mesure pour drap est de 2 pieds ou de 4 palmos ou 36 pulgadas équivalant à 33½ pouces anglais, 100 varas = 92 ¾ yards anglais. Les marchandises en coton se vendent presque exclusivement en yards anglais. — Le corge est de 20 pièces. Le tahau, la mesure pour graines contient 8 ⁹/₁₀ pieds cubes, un cahau riz pèse 123 ℔, un cahau paddy environ 85 ℔ ; 16 piculs de Manille valent 2240 ℔ anglaises. Un tonneau de 2240 ℔ chanvre, mesure ordinairement 2 tonneaux de 40 pieds cubes.

Monnaies. — Les comptes sont tenus en dollars, rials et granos dans les proportions suivantes :

34 Maravedis ou 12 granos	1 Rial
8 Rials ou quintos	1 Dollar argent ou peso
16 Dollars	1 Doublon or

(Extrait du *Dictionnaire du Commerce* de MM. GUILLAUMIN & Ce, ainsi que de nos renseignements particuliers.)

COMPTE D'ACHAT ET DE REVIENT

A 3875 SACS CAFÉ GOUNIES

3875 Sacs Café Gounies, net piculs 3875.15 à $ 10 le picul			$	38751.50

FRAIS A MANILLE

Courtage d'achat 6 ¼ cents par picul	$	210.95		
Frais d'emballage et d'embarquement 50 cents par picul	»	1687.57	»	1898.52
			$	35650.02
Commission d'achat et remboursement 5 % sur $ 35650.02				1782.50
			$	37432.52
Remboursement sur Londres à 6 mois de vue à Sh. 4.3 pour $ 1			£	7954. 8. 2
à F. 25.25 pour £ 1			F.	200848.80

FRAIS AU HAVRE

Fret à 218920 kil à F. 90 les 1000 kil	F.	19252.80		
Permis, frais au débarquement, échantillonner, conditionner, port en magasin, arrimage, magasinage 1 mois, livraison, menus frais à 50°.	»	1037.50		
Assurance maritime inclusivement 10 % à 2 ½ % sur F. 220933.68	»	5523.34		
Assurance contre le feu 1 ‰ sur F. 220933.68	»	220.93		
Commission de banque à Londres ½ % sur F. 200848.80	»	1004.24		
Escompte à la vente 1 ¼ %				
Courtage de vente ¼ %				
Commission de vente 2 %				
Ensemble 4 % sur F. 238320.42	»	9532.81	»	37471.62
			F.	238320.42

Rendement de poids : 1 picul net = 63 ¾ kil. bruts.

Brut		kil.	218920
Tare 2 %	4278		
Réfactions	506	»	4784
Net		kil.	209136 à F. 113.96 les 100 kil. entrepôt.. F. 238331 88

PRIX DE REVIENT AU HAVRE DES 100 KIL. ENTREPOT

AUX CHANGES SUIVANTS SUR LONDRES POUR $ 1

Avec la parité des changes sur Paris calculés sur la base de £ 1 = F. 25.25

	PRIX à MANILLE par Picul	LONDRES Sh. 3.9 — PARIS F. 4.73 ½	LONDRES Sh. 4.0 — PARIS F. 5.05	LONDRES Sh. 4.1 — PARIS F. 5.15 ½	LONDRES Sh. 4.2 — PARIS F. 5.26	LONDRES Sh. 4.3 — PARIS F. 5.36 ½	LONDRES Sh. 4.6 — PARIS F. 5.68	LONDRES Sh. 4.9 — PARIS F. 6.00	0.1 d. ou 10 ½ c. sur le change font au Havre par 100 kil.
Café et frais variables	$ 1/8	F. 1.08	F. 1.15	F. 1.17	F. 1.20	F. 1.22	F. 1.30	F. 1.37	F. 0.02
	1/4	2.16	2.30	2.35	2.40	2.45	2.59	2.74	0.05
	3/8	3.24	3.45	3.53	3.60	3.68	3.89	4.11	0.07
	1/2	4.32	4.60	4.70	4.80	4.90	5.18	5.47	0.10
	5/8	5.40	5.75	5.87	6.—	6.13	6.48	6.84	0.13
	3/4	6.48	6.90	7.05	7.20	7.35	7.77	8.21	0.15
	7/8	7.56	8.05	8.23	8.40	8.58	9.07	9.58	0.17
	1	8.64	9.21	9.40	9.60	9.79	10.36	10.94	0.19
Café et frais variables et invariables	10	101.78	107.86	109.89	111.92	113.95	120.03	126.12	2.03
	11	110.42	117.08	119.30	121.52	123.74	130.40	137.06	2.22
	12	119.06	126.29	128.71	131.12	133.53	140.76	148.—	2.41
	13	127.70	135.51	138.11	140.72	143.32	151.13	158.94	2.60
	14	136.34	144.72	147.51	150.31	153.11	161.49	169.88	2.79
	15	144.98	153.94	156.92	159.91	162.90	171.86	180.82	2.98
	16	153.62	163.15	166.32	169.51	172.69	182.22	191.76	3.18
Logarithmes des changes		86378	92136	94056	95975	97895	103653	109412	1919
Frais variables par 100 kil.		F. 15.41	F. 15.73	F. 15.84	F. 15.95	F. 16.06	F. 16.38	F. 16.61	F. 0.11

OBSERVATIONS

F. 10 par 1000 kil. sur le fret font une différence de F. 1.07 par 100 kil sur les prix.

Logarithme sans le change 23034

On veut savoir le revient au Havre de Café acheté à Manille à $ 12⅜ le picul au fret F. 90 et au change de Sh. 4.1 par $ sur Londres.

On trouvera dans la 1re et la 4e colonne de ce tableau que :

$ 12 — font au Havre par 100 kil	F.	128.71
» ⅜ id. id. id.	»	3.53
$ 12 ⅜ feront les 100 kil entrepôt	F.	132.24

Ou par le calcul du logarithme :

23034 × Sh. 4.1 change = 94056		
94056 × $ 12 ⅜ prix	= F.	116.40
plus les frais invariables par 100 kil.	»	15.84
Revient égal	F.	132.24

Droits de Douane par 100 kil. en Mars 1870

Sous tous pavillons . . . F. 50.40

COMPTE D'ACHAT ET DE REVIENT

A 480 BALLES CHANVRE

480 Balles Chanvre à 2 piculs, net 960 piculs à $ 8 le picul .... $ 7680.—

FRAIS A MANILLE

Frais de pressage et emballage	$	390.—		
Cooliesbire et transport à bord	»	85.32	»	475.32
			$	8155.32
Commission d'achat et de remboursement 5 %			»	407.77
			$	8563.09
Remboursement sur Londres à 6 mois de vue à Sh. 4.3 pour $ 1			£	1819. 13. 1
à F. 25.25 pour £ 1			F.	45946.25

FRAIS AU HAVRE

Fret à 60,000 kil. à F. 80 les 500 kil.		F.	9,600.—		
Permis, frais au débarquement, échantillonner, conditionner, port en magasin, arrimage, magasinage 1 mois, livraison et menus frais à F. 1.50 la balle		»	720.—		
Assurance maritime inclusivement 10 % à 2 ½ %		»	1263.52		
Assurance contre le feu 1 ‰		»	50.54		
Commission de banque à Londres ½ % sur F. 45946.26		»	229.73		
Escompte à la vente	2¼ %				
Courtage de vente	¼ %				
Commission de vente	2 %				
Ensemble	4½ %	»	2724.03	»	14587.82
				F.	60534.07

Rendement de poids : 1 picul net = 62 ½ kil. bruts.

Brut		kil. 60000	
Tare 2 %	1200		
Réfactions	56	» 1256	
Net		kil. 58744 à F. 103.04 les 100 kil. entrepôt....	F. 60529.82

PRIX DE REVIENT AU HAVRE DES 100 KIL. ENTREPOT

AUX CHANGES SUIVANTS SUR LONDRES POUR $ 1

Avec la parité des changes sur Paris calculés sur la base de £ 1 = F. 25.25.

	PRIX à MANILLE par Picul	LONDRES Sh. 3.9 — PARIS F. 4.73½	LONDRES Sh. 4.0 — PARIS F. 5.05	LONDRES Sh. 4.1 — PARIS F. 5.15½	LONDRES Sh. 4.2 — PARIS F. 5.26	LONDRES Sh. 4.3 — PARIS F. 5.36½	LONDRES Sh. 4.6 — PARIS F. 5.68	LONDRES Sh. 4.9 — PARIS F. 6.00	0.1 d. ou 10½ c. sur le change font au Havre par 100 kil.
Augmentations Coût et frais variables	$ 1/8	F. 1.10	F. 1.17	F. 1.20	F. 1.22	F. 1.25	F. 1.32	F. 1.39	F. 0.02
	1/4	2.20	2.35	2.40	2.45	2.50	2.64	2.79	0.05
	3/8	3.30	3.52	3.60	3.67	3.75	3.96	4.18	0.07
	1/2	4.41	4.70	4.80	4.90	5.—	5.29	5.58	0.10
	5/8	5.51	5.87	6.—	6.12	6.25	6.61	6.97	0.12
	3/4	6.61	7.05	7.20	7.35	7.50	7.93	8.37	0.15
	7/8	7.71	8.22	8.40	8.57	8.75	9.25	9.76	0.17
	1	8.82	9.40	9.60	9.79	9.99	10.58	11.16	0.19
Coût et frais variables et invariables	6	75.64	79.85	80.59	81.82	83.06	86.77	90.48	1.24
	7	84.46	88.75	90.19	91.62	93.05	97.34	101.64	1.43
	8	93.28	98.16	99.79	101.41	103.04	107.92	112.80	1.62
	9	102.10	107.56	109.39	111.21	113.03	118.49	123.96	1 82
	10	110.92	116.97	118.99	121.—	123.02	129.07	135.12	2.02
	11	119.74	126.37	128.59	130.80	123.01	139.64	146.28	2.21
	12	128.58	135.78	138.19	140.59	143.—	150.22	157.44	2.41
Logarithmes des changes		8817769	9405620	9601570	9797520	9993471	10581322	11169173	195950
Frais invariables par 100 kil.		F.22.74	F.22.91	F.22.98	F.23.03	F.23.09	F.23.26	F.23.44	F. 0.06

OBSERVATIONS

F. 10 sec par 500 kil. sur le fret font au Havre une différence de F. 2.14 par 100 kil. sur les prix.

Logarithme sans le change 2351405

On veut savoir le revient au Havre de Chanvre acheté à Manille à $ 8 ⅜ le picul, au fret de F. 80 et au change de sh. 4.1 par $ sur Londres.

On trouvera dans la 1re et 4e colonne de ce tableau que :

$ 8 — font par 100 kil.	F.	99.79
» ⅜ » »	»	3.60
$ 8 ⅜ feront au Havre par 100 kil. entrepôt.	F.	103.39

Ou par le calcul du logarithme :

2351405 × Sh. 4.1 change = 9601570

9601570 × $ 8⅜ prix .... =	F. 80.41
plus frais invariables par 100 kil.	» 22.98
Revient égal	F. 103.39

Droits de Douane en Mars 1878.

Sous tous pavillons .... Exempt.

COMPTE D'ACHAT ET DE REVIENT

A 59 CAISSES NACRE DE PERLE

59 Caisses Nacre de perle contenant 117.65 piculs à ∫ 30 le picul..................∫   3529.50

FRAIS A MANILLE

Courtage à 25 cents par picul..∫   29.41
Frais d'emballage et d'embarquement à ∫ 2 par caisse.................... »   118.— »   147.41
                                                                                  ∫   3676.91
Commission d'achat et remboursement 5 % sur ∫ 9676.91................   163.85
                                                                                  ∫   3860.76
Remboursement sur Londres à 6 mois de vue à Sh. 4.3
pour ∫ 1...   £   820. 8. 3
à F. 25.25 pour £ 1.   F.   20715.42

FRAIS AU HAVRE

Fret à 117 ½ pieds cubes, à F. 100 les 40 pieds cubes................ F.   293.75
Permis, frais au débarquement, échantillonner, conditionner, port au
magasin, arrimage, magasinage 1 mois, livraison et menus frais.... »   118.—
Assurance maritime 2 ½ % sur F. 22780.95............................... »   569.60
Assurance contre le feu 1 ⅒ sur F. 22786.95............................ »   22.79
Commission de banque ½ % sur F. 20715.42............................. »   103.57
Escompte à la vente....................................   2 ½ %
Courtage de vente......................................   ¼ %
Commission de vente....................................   2 %
                                                                  ────
Ensemble.................................   4 ½ % sur F. 22851.44... »   1028.31 »   2136.02
                                                                                  F.   22851.44

RENDEMENT de poids réel :

1 picul net = 74.75 kil. bruts.
1 picul net = 61.99 kil. nets.

Brut............................... kil. 8792
Tare nette.....................   1444
Réfactions.....................   55 »   1499
                                  ─────
Net............................... kil. 7293 à F. 313.38 les 100 kil. entrepôt...... F.   22851.16

PRIX DE REVIENT AU HAVRE DES 100 KIL. ENTREPOT

AUX CHANGES SUIVANTS SUR LONDRES POUR £ 1

Avec la parité des changes sur PARIS calculés sur la base de £ 1 = F. 25.25

PRIX à MANILLE par picul	LONDRES Sh. 3.9 — PARIS F. 4.73½	LONDRES Sh. 4.0 — PARIS F. 5.05	LONDRES Sh. 4.1 — PARIS F. 5.15½	LONDRES Sh. 4.2 — PARIS F. 5.26	LONDRES Sh. 4.3 — PARIS F. 5.36½	LONDRES Sh. 4.6 — PARIS F. 5.68	LONDRES Sh. 4.9 — PARIS F. 6.00	différence par le change font au Havre par 100 kil.
1	F. 8.68	F. 9.26	F. 9.43	F. 9.64	F. 9.83	F.10.41	F.10.99	F. 0.19
2	17.36	18.52	18.90	19.28	19.67	20.82	21.98	0.38
3	26.04	27.87	28.85	28.92	29.60	31.23	32.97	0.57
4	34.72	37.04	37.80	38.56	39.34	41.04	43.96	0.76
5	43.40	46.29	47.25	48.21	49.18	52.07	54.96	0.95
10	103.58	110.09	112.26	114.43	116.60	123.12	129.63	2.17
15	146.98	156.28	159.51	162.64	165.78	175.19	184.59	3.13
20	190.38	202.67	206.77	210.87	214.97	227.26	239.55	4.10
25	233.78	248.96	254.02	259.08	264.15	279.34	294.52	5.06
30	277.18	295.26	301.29	307.32	313.33	331.41	349.49	6.03
35	320.58	341.55	348.54	355.53	362.51	383.48	404.45	6.99
40	363.98	387.84	395.80	403.76	411.70	435.56	459.42	7.96
Logarithmes des changes	86794	92580	94509	96497	98366	104152	109938	1929
Frais Invariables par 100 kil.	F.16.79	F.17.51	F.17.76	F.18.—	F.18.24	F.18.96	F.19.69	F. 0.24

OBSERVATIONS

F. 10 par 40 pieds cubes sur le fret font une différence de F. 0.42 par 100 kil. sur le prix.

Logarithme sous le change 2.2143

On veut savoir le revient au Havre de Nacre de perle
achetée à Manille à ∫ 27 le picul, au change de Sh.
4.3 et un fret de F. 100.
On trouvera dans la 1er et la 5e colonne de ce
tableau que :
∫ 25 font au Havre par 100 kil......... F. 264.15
 » 2   id.   id........................ »   19.67
∫ 27 feront les 100 kil. entrepôt........ F. 283.82

Ou par le calcul du logarithme.
98145 × Sh. 4.3 change = 98366
98366 × ∫ 27 prix............................. = F. 265.58
plus les frais invariables par 100 kil.... »   18.24
                                           ─────
Revient égal............................... F. 283.82
Droits de Douane en Mars 1870.
Des pays hors d'Europe.................... Exempts.

COMPTE D'ACHAT ET DE REVIENT

A 17962 NATTES SUCRE

17962 Nattes Sucre current, pesant 9215 picul à $ 4 le picul		$	36860.—

FRAIS A MANILLE

Droits de sortie abolis depuis 1870	$ —.—		
Frais d'alléges et cooliesbire	» 1150.—	»	1150.—
		$	38010.—
Commission d'achat et remboursement 5 %		»	1900.50
		$	39910.50
Remboursement sur Londres à 6 mois de vue à Sh. 4.3 pour $ 1		£	8480. 19. 7
à F. 25.25 pour £ 1		F.	214144.72

FRAIS AU HAVRE

Fret sur brut kil. 567874 à £ 3.10 sec par $\frac{2240\ ℔}{1015\ k^o}$ = £ 1958.3.9 à F. 25.25	F. 49444.23		
Permis, frais au débarquement, échantillonner, conditionner, transport, arrimer, 1 mois magasinage, livraison et menus frais	» 3520.80		
Assurance maritime inclusivement 10 % à 3 % sur F. 235559.20	» 7066.77		
Assurance contre le feu 1 ‰ sur F. 235559.20	» 235.56		
Commission de banque à Londres ½ % sur F. 214144.72	» 1070.73		
Escompte à la vente 2¼ %			
Courtage de vente ¼ %			
Commission de vente 2 %			
Ensemble 4½ % sur F. 288463.66	» 12960.86	»	74318.94
		F.	288463.66

RENDEMENT de poids :

1 picul net = 61 ⅝ kil. bruts.
1 picul net = 60 ¼ kil. nets.

Brut		kil. 567874
Tare nette à 63ds. kil. 11316		
Réfactions » 1354	»	12670
Net		kil. 555204 à F. 51.96 les 100 kil. entrepôt.... F. 288484.—

PRIX DE REVIENT AU HAVRE LES 100 KIL. ENTREPOT

AUX CHANGES SUIVANTS SUR LONDRES POUR $ 1

Avec la parité des changes sur PARIS calculés sur la base de £ 1 = F. 25.25.

PRIX à MANILLE par Picul	LONDRES Sh. 3.9 — PARIS F. 4.73½	LONDRES Sh. 4.0 — PARIS F. 5.05	LONDRES Sh. 4.1 — PARIS F. 5.15½	LONDRES Sh. 4.2 — PARIS F. 5.26	LONDRES Sh. 4.3 — PARIS F. 5.36½	LONDRES Sh. 4.6 — PARIS F. 5.68	LONDRES Sh. 4.9 — PARIS F. 6.00	0.1 d. ou 10½ c. sur le change font au Havre par 100 kil.
SUBDIVISIONS Coût et frais variables $ 1/8	F. 1.12	F. 1.20	F. 1.22	F. 1.25	F. 1.27	F. 1.35	F. 1.42	F. 0.02
1/4	2.24	2.39	2.44	2.49	2.54	2.69	2.84	0.05
3/8	3.37	3.59	3.67	3.74	3.81	4.04	4.26	0.07
1/2	4.49	4.79	4.89	4.99	5.09	5.39	5.69	0.10
5/8	5.61	5.99	6.11	6.24	6.37	6.73	7.11	0.13
3/4	6.74	7.18	7.33	7.48	7.62	8.08	8.53	0.15
7/8	7.86	8.38	8.56	8.78	8.90	9.42	9.95	0.17
1	8.98	9.58	9.78	9.98	10.17	10.77	11.37	0.20
Coût et frais var. à ajouter 3	38.04	39.91	40.58	41.16	41.78	43.66	45.53	0.62
4	47.02	49.49	50.31	51.14	51.96	54.43	56.90	0.82
5	56.—	59.06	60.09	61.12	62.13	65.20	68.26	1.02
Logarithmes des changes	89775	95760	97755	99750	101745	107730	113715	1995
Frais invariables par 100 kil.	F. 11.11	F. 11.18	F. 11.21	F. 11.23	F. 11.26	F. 11.33	F. 11.41	F. 0.08

OBSERVATIONS

10sh. sec par $\frac{2240\ ℔}{1015\ kil.}$ sur le fret font au Havre une différence de F. 1.28 par 100 kil. sur les prix.

Logarithme sans le change 2.3940

On veut savoir le prix de revient au Havre de Sucre current acheté à Manille à $ 3 ⅝ au fret de £ 3 ½ et au change de Sh. 4.1 pour $ 1.

On trouvera dans la 1re et 6e colonne de ce tableau que :

$ 3 — font au Havre par 100 kil. entr...	F. 40.53
» ⅝ id. id. id. ...	» 6.11
$ 3 ⅝ feront au Havre les 100 kil. entr.	F. 46.64

Ou par le calcul du logarithme :

23940 × Sh. 4.1 change = 97755	
97755 × $ 3 ⅝ prix	= F. 35.43
plus frais invariables par 100 kil.	» 11.21
Revient égal	F. 46.64

Droits de Douane par 100 kil. en Avril 1870

Au-dessous du no 13 sous tous pavillons...	F. 42.—
Du no 13 au no 20 id. id. ...	» 44.—

COMPTE D'ACHAT ET DE REVIENT

A 2950 NATTES SUCRE TAAL

2950 Nattes Sucre Taal, pesant 2046 piculs à \$ 2 ½ le picul			\$	5115.—

FRAIS A MANILLE

Droits de sortie abolis depuis 1870	\$	—.—		
Frais d'allèges et cooliesbire	»	188.50	»	188.50
			\$	5303.50
Commission d'achat et remboursement 5 %			»	265.18
			\$	5568.68
Remboursement sur Londres à 6 mois de vue à Sh. 4.3 pour \$ 1				£ 1183. 6. 11
à F. 25.25 pour £ 1			F.	29879.47

FRAIS AU HAVRE

Fret sur kil. 118212, à £ 3 ½ sec par $\frac{2240\ \text{℔}}{1015\ \text{k}^{\circ}}$ = £ 390.7.9 à F. 25.25	F.	9857.28		
Permis, frais au débarquement, échantillonner, conditionner, transport, arrimer, 1 mois magasinage, livraison et menus frais	»	701.90		
Assurance maritime inclusivement 10 % à 3 % sur F. 32867.41	»	986.02		
Assurance contre le feu 1 ‰ sur F. 32867.41	»	32.87		
Commission de banque à Londres ½ % sur F. 29879.47	»	149.40		
Escompte à la vente 2 ¼ %				
Courtage de vente ¼ %				
Commission de vente 2 %				
Ensemble 4 ½ % sur F. 43567.87	»	1960.53	»	13688.—
			F.	43567.47

Rendement de poids :

1 picul net = 55 ½ kil. bruts.
1 picul net = 53.89 kil. nets.

Brut	kil.	118212
Tare notte à 1 kil.	»	2950
Net	kil.	110262 à F. 39.51 les 100 kil. entrepôt.... F. 43564.51

PRIX DE REVIENT AU HAVRE DES 100 KIL. ENTREPOT

AUX CHANGES SUIVANTS SUR LONDRES POUR \$ 1

Avec la parité des changes sur l'Paris calculés sur la base de £ 1 = F. 25.25

PRIX à MANILLE par Picul	LONDRES Sh. 3.9 — PARIS F. 4.73 ½	LONDRES Sh. 4.0 — PARIS F. 5.05	LONDRES Sh. 4.1 — PARIS F. 5.15 ½	LONDRES Sh. 4.2 — PARIS F. 5.26	LONDRES Sh. 4.3 — PARIS F. 5.36 ½	LONDRES Sh. 4.6 — PARIS F. 5.68	LONDRES Sh. 4.9 — PARIS F. 6.00	0.1 d. ou 0 ½ c. sur le change font au Havre par 100 kil.
Différences Coût et frais variables \$ 1/8	F. 1.25	F. 1.34	F. 1.37	F. 1.39	F. 1.42	F. 1.50	F. 1.59	F. 0.02
1/4	2.51	2.68	2.73	2.79	2.83	3.01	3.17	0.05
3/8	3.76	4.02	4.10	4.18	4.26	4.51	4.66	0.08
1/2	5.02	5.35	5.46	5.57	5.68	6.02	6.35	0.11
5/8	6.27	6.69	6.83	6.97	7.10	7.52	7.94	0.14
3/4	7.53	8.03	8.20	8.36	8.52	9.03	9.52	0.17
7/8	8.78	9.37	9.56	9.76	9.94	10.53	11.11	0.19
1	10.04	10.70	10.93	11.15	11.37	12.03	12.70	0.22
Coût et frais var. 2	31.03	32.43	32.90	33.36	33.83	35.23	36.63	0.47
3	41.07	43.13	43.83	44.51	45.20	47.26	49.33	0.69
4	51.11	53.84	54.75	55.66	56.57	59.30	62.03	0.91
Logarithmes des changes	100361	107052	109282	111512	113743	120433	127125	2230
Frais invariables par 100 kil	F.10.96	F.11.02	F.11.04	F.11.06	F.11.08	F.11.14	F.11.20	F. 0.02

OBSERVATIONS

10 sh. sec par $\frac{2240\ \text{℔}}{1015\ \text{kil.}}$ sur le fret font au Havre une différence de F. 1.34 par 100 kil. sur les prix.

Logarithme sans le change 2.6763

On veut savoir le revient au Havre de Sucre Taal acheté à Manille à \$ 2 ⅝, au fret de £ 3 ½ et au change de Sh. 4.2 pour \$ 1.

On trouvera dans la 1re et 5e colonne de ce tableau que :

\$ 2 — font au Havre par 100 kil entrepôt	F.	33.36
» ⅝ id. id. id. —	»	9.76
\$ 2 ⅝ feront les 100 kil. entrepôt	F.	43.12

Ou par le calcul du logarithme :
2.6763 × Sh. 4.2 change = 111512

111512 × \$ 2 ⅝ prix	= F.	32.06
plus frais invariables	»	11.06
Revient égal	F.	43.12

Droits de Douane par 100 kil. en Avril 1870

Au-dessous du nº 13 sous tous pavillons	F.	42.—
Du nº 13 au nº 20 id. id.	»	44.—

COMPTE D'ACHAT ET DE REVIENT

A 1000 PICULS BOIS DE SAPAN

1000 piculs bois de Sapan à F. 1.40 le picul .... ƒ 1400.—

FRAIS A MANILLE

Courtage d'achat 6 ¼ cents le picul	ƒ	62.50		
Tous frais jusqu'à bord 25 cents le picul	»	250.— »	312.50	
			ƒ	1712.50
Commission d'achat et remboursement 5 %		»	85.62	
			ƒ	1798.12
Remboursement sur Londres à 6 mois de vue à Sh. 4.3				
pour ƒ 1	£	382. 2. 2		
A F. 25.25 pour £ 1			F.	9648.23

FRAIS AU HAVRE

Fret à 61000 kil. à F. 70 les 900 kil	F.	4744.44	
Permis, frais au débarquement, transport, arrimage, 1 mois magasinage			
et livraison à F. 0.55 par 100 kil	»	335.50	
Assurance maritime 2 ½ %	»	355.32	
Assurance contre le feu 1 %	»	10.61	
Commission de banque ¼ %	»	48.24	
Escompte à la vente .... 2 ½ %			
Courtage de vente .... ¼ %			
Commission de vente .... 2 %			
Ensemble .... 4 ¾ % sur F. 15761.61 .... »		709 27 »	6113.38
		F.	15761.61

RENDEMENT de poids : 1 picul == 61 kil.

		kil. 61000	
Don 2 %	»	1220	
Net ...... kil. 59780 à F. 26.37 les 100 kil. entrepôt ...		F.	15763.99

PRIX DE REVIENT AU HAVRE DES 100 KIL. ENTREPÔT

AUX CHANGES SUIVANTS SUR LONDRES POUR £ 1

Avec la parité des changes sur PARIS calculés sur la base de F. 25.25 == £ 1

PRIX à MANILLE par Picul	LONDRES Sh.3.9 — PARIS F.4.73¼	LONDRES Sh.4.0 — PARIS F. 5.05	LONDRES Sh. 4.3 — PARIS F.5.36½	LONDRES Sh.4.5 — PARIS F. 5.68	LONDRES Sh.4.9 — PARIS F. 6.00	£ 4, ou £9 ½ c. sur le change font au Havre par 100 kil.
ACHAT 0.05	F. 0.45	F. 0.48	F. 0.51	F. 0.54	F. 0.57	F. 0.01
0.10	0.90	0.96	1.02	1.08	1.14	0.02
0.20	1.80	1.92	2.04	2.16	2.28	0.04
1.20	22.51	23.41	24.32	25.22	26.13	0.30
1.40	24.31	25.33	26.37	27.39	28.41	0.34
1.60	26.11	27.25	28.40	29.54	30.69	0.38
1.80	27.91	29.17	30.44	31.70	32.97	0.42
2.—	29.71	31.09	32.48	33.86	35.25	0.45
Logarithmes des changes	9.000	9.800	10.200	10.800	11.400	200
Frais invariables par 100 kil.	F. 11.71	F. 11.89	F. 12.08	F. 12.26	F. 12.45	F. 0.06

OBSERVATIONS

F. 10 par 900 kil. sur le fret font au Havre une différence de F. 1.15 par kil. sur les prix.

Logarithme sans le change 2.400

On veut savoir le revient au Havre de Bois de
Sapan acheté à Manille à ƒ 1.45 le picul, au fret de
F. 70 et au change de Sh. 4.3 sur Londres.
On trouvera dans la 1re et 4e colonne de ce tableau
que :

ƒ 1.40 font par 100 kil. entrepôt	F.	26.37	
05 id.	id	»	0.51
ƒ 1.45 feront les 100 kil. entrepôt....	F.	26.88	

On par le calcul du logarithme :
9.400 × Sh. 4.3 change == 10200
10200 × ƒ 1.45 prix .... == F. 14.90
plus frais invariables par 100 kil. .... » 12.08

Revient égal	F.	26.88
Droits d'entrée par 100 kil. brut au Juin 1879,		
Sous tous pavillons	Exempt.	

COMPTE D'ACHAT ET DE REVIENT

A 13660 CORNES DE BUFFLES

13660 Cornes de buffles, picula 127.57 à £ 6 le picul .... £   704.22

FRAIS A MANILLE

Recevoir, compter, transport et embarquer .... »   12.70
                                          £   776.92
Commission d'achat et remboursement 5 % sur £ 776.92 .... »   38.85
                                          £   815.77
Remboursement sur Londres à 6 mois de vue, à Sh. 4.3 pour £ 1 .... £   173. 7.—
à F. 25.25 pour £ 1 .... F.   4377.08

FRAIS AU HAVRE

Fret à 8810 kil., à F. 80 par 1000 kil. .... F.   704.80
Recevoir, compter, transport, 1 mois magasinage et livraison,
  17690 kil. rendus .... »   202.63
Assurance maritime 2 ½ % sur F. 4814.78 .... »   120.37
Assurance contre le feu 1 ⁰/₀₀ sur F. 4814.78 .... »   4.81
Commission de banque ½ % sur F. 4377.08 .... »   21.88
Escompte à la vente .... 2 ¼ %
Courtage de vente .... ¼ %
Commission de vente .... 2 %
        Ensemble .... 4 ½ % sur F. 5687.51 .... »   255.94 »   1310.43
                                              F.   5687.51

RENDEMENT

13660 Cornes à F. 48.80 les 104 Cornes entrepôt .... F.   5687.30

PRIX DE REVIENT AU HAVRE DES 104 PIÈCES ENTREPOT

AUX CHANGES SUIVANTS SUR LONDRES POUR £ 1

Avec la parité des changes sur PARIS calculés sur la base de F. 25.25 = £ 1

PRIX à MANILLE par l'écul en £	LONDRES Sh. 3.9 PARIS F. 4.73½	LONDRES Sh. 4.0 PARIS F. 5.05	LONDRES Sh. 4.3 PARIS F. 5.36½	LONDRES Sh. 4.6 PARIS F. 5.68	LONDRES Sh. 4.9 PARIS F. 6.00	¼ d. ou 10 ½ c. sur le change font au Havre par 104 cornes
£ ¼	F. 1.30	F. 1.39	F. 1.48	F. 1.57	F. 1.65	F. 0.03
½	2.61	2.78	2.96	3.13	3.30	0.06
¾	3.92	4.18	4.44	4.70	4.96	0.09
1	5.22	5.57	5.91	6.26	6.61	0.11
4	28.62	30.04	31.47	32.89	34.32	0.47
5	33.84	35.61	37.38	39.16	40.93	0.58
6	39.06	41.18	43.30	45.42	47.54	0.70
7	44.28	46.75	49.21	51.68	54.15	0.82
8	49.50	52.31	55.13	57.94	60.76	0.94
9	54.72	57.88	61.04	64.21	67.37	1.06
10	59.94	63.45	66.96	70.47	73.98	1.17
Logarithmes des changes	521745	556538	591311	626094	660877	11594
Frais invariables par 104 cornes	F. 7.75	F. 7.78	F. 7.82	F. 7.86	F. 7.89	F. 0.01

OBSERVATIONS

F. 10 par 1000 kil. sur le fret font au Havre une différence de F. 0.70 par 104 Cornes sur les prix.

Logarithme sous le change 179152

On veut savoir le revient au Havre de Cornes de buffles achetées à Manille à £ 7 ½ le picul, au fret de F. 80 et au change de Sh. 4.3 sur Londres.
On trouvera dans la 3me et la 4e colonne de ce tableau que :
£ 7 — font au Havre par 104 Cornes ...... F. 49.21
  ½   Id.   Id. .... F. 3.96
£ 7 ½ feront les 104 Cornes entrepôt ...... F. 53.17

On par le calcul du logarithme :
  591311 × Sh. 4.3 change == 591311
  591311 × £ 7 ½ picul .... F. 44.35
  plus frais invariables par 104 Cornes 7.82
          Revient égal .... F. 52.17
       Droits de Douane au Juin 1879.
Sous tous pavillons .... Exemptée.

COMPTE D'ACHAT ET DE REVIENT

A 892 BLOCS ÉTAIN

892 Blocs Étain brillant, picul 570.70 à ∦ 10 le picul .... ∦ 5707.—

FRAIS A MANILLE

Courtage 6 ¼ cents par picul	∦	35.67	
Tous frais jusqu'à bord	»	55.—	90.67
		∦	5797.67
Commission d'achat et remboursement 5 %	»	289.88
		∦	6087.55
Remboursement sur Londres à 6 mois de vue à Sh. 4.3 pour ∦ 1	₤	1293.13. 1
à F. 25.25 pour ₤ 1	F.	32068.51

FRAIS AU HAVRE

Fret à 36097 kil. à F. 75 les 1000 kil.	F.	2707.28	
Recevoir, peser, transport, arrimer, 1 mois magasinage et livraison...	»	216.60	
Assurance maritime 2 ½ % sur F. 35029.86	»	896.25	
Assurance contre le feu 1 ‰ sur F. 35029.86	»	35.93	
Commission de banque ¼ ‰ sur F. 35025.51	»	163.22	
Escompte à la vente	2½ %		
Courtage de vente	¼ %		
Commission de vente	2 %		
Ensemble	4½ % sur F. 38413.51 ...	1728.62 =	5750.—
		F.	38413.51

RENDEMENT de poids : 1 picul = 63 ½ kil.

Kil. 36097 à F. 106.42 les 100 kil. entrepôt .... F. 38414.42

PRIX DE REVIENT AU HAVRE DES 100 KIL. ENTREPOT

AUX CHANGES SUIVANTS SUR LONDRES POUR ∦ 1

Avec la parité des changes sur PARIS calculés sur la base de ₤ 1 = F. 25.25

PRIX à MANILLE par Picul en ∦	LONDRES Sh. 3.9 — PARIS F. 4.73½	LONDRES Sh. 4.0 — PARIS F. 5.05	LONDRES Sh. 4.3 — PARIS F.5.36½	LONDRES Sh. 4.6 — PARIS F. 5.69	LONDRES Sh. 4.9 — PARIS F. 6.00	∦ 1 (= 10 ½ c. sur le change font en Havre par 100 kil.
1	F. 8.51	F. 9.07	F. 9.04	F.10.30	F.10.77	F. 0.19
2	17.02	18.15	19.28	20.41	21.54	0.38
3	25.53	27.22	28.92	30.61	32.31	0.57
4	34.04	36.30	38.56	40.82	43.08	0.76
5	42.53	45.36	48.20	51.03	53.87	0.94
10	94.90	100.66	106.42	112.18	117.94	1.92
15	137.43	146.03	154.62	163.21	171.81	2.86
20	179.96	191.39	202.82	214.25	225.68	3.81
25	222.49	236.75	251.02	265.28	279.55	4.75
30	265.02	282.12	299.22	316.33	333.42	5.70
35	307.55	327.48	347.42	367.35	387.29	6.64
40	350.08	372.85	395.62	418.39	441.16	7.59
Logarithmes des changes	85065	90786	95407	102078	107749	1800
Frais invariables par 100 kil	F. 9.84	F. 9.93	F. 10.02	F. 10.11	F. 10.20	F. 0.08

OBSERVATIONS

F. 5 par 1000 kil. sur le fret font une différence de F. 0.52 ¼ par 100 kil. sur les prix.

Logarithme sans le change 2.2684

On veut savoir le revient au Havre d'Étain acheté à Manille à ∦ 23 le picul, au fret de F. 75 et au change de Sh. 4.3 par ∦ sur Londres.

On trouvera dans la 1re et 4e colonne de ce tableau que :

∦ 20 font au Havre par 100 kil.	F.	202.82
» 3	id.	id.	»	28.92
∦ 23 feront les 100 kil. entrepôt	F.	231.74

On par le calcul du logarithme :
95484 × Sh. 4.3 change = 96407
96407 × ∦ 23 prix .... = F. 221.72
plus les frais invariables par 100 kil .... » 10.02
———
Revient égal .... F. 231.74
Droits de Douane en Juin 1879 .
Sous tous pavillons .... Exempt.

COMPTE D'ACHAT ET DE REVIENT

A 200 CAISSES GOMME

200 Caisses Gomme contenant net 423 piculs à ƒ 3 le picul.................... ƒ   1269.—

FRAIS A MANILLE

Courtage d'achat à 6 ¼ cents le picul.................... ƒ	26.44		
Frais d'emballage et d'embarquement ƒ 2 ½ par cent.......... »	500.—	526.44	
		ƒ	1795.44
Commission d'achat et remboursement 5 %....................		ƒ	89.75
		ƒ	1885.19
Remboursement sur Londres à 6 mois de vue à Sh. 4.3 pour ƒ 1....................		£	400.12. 3
à F. 25.25 pour £ 1....................		F.	10115.47

FRAIS AU HAVRE

Fret à F. 80 par tonneau d'usage de 700 kil.................... F.	3698.17		
Permis, frais au débarquement, échantillonner, conditionner, port en magasin, arrimage, 1 mois magasinage, livraison et menus frais F. 1.50.................... »	320.—		
Assurance maritime à 2 ½ % sur F. 11197.01.................... »	279.18		
Assurance contre le feu à 1 % sur F. 11197.01.................... »	11.18		
Commission de banque à Londres ½ %.................... »	50.58		
Escompte à la vente.................... 2 ½ %			
Courtage de vente.................... ¼ %			
Commission de vente.................... 2 %			
Ensemble.................... 4 ½ % sur F. 15155.53... »	682. — »	5040.06	
		F.	15155.53

RENDEMENT de poids :
1 Picul net = 76.50 kil. brut
1 » » » 61.50 kil. net

Brut.......... kil.	32359	
Tare.......... »	6345	
Net.......... kil.	26014 à F. 58.25 les 100 kil. entrepôt.................... F.	15153.15

PRIX DE REVIENT AU HAVRE DES 100 KIL. ENTREPOT

AUX CHANGES SUIVANTS SUR LONDRES POUR ƒ 1

Avec la parité des changes sur PARIS calculée sur la base de £ 1 = F. 25.25

PRIX à MANILLE par Picul	LONDRES Sh. 3.9 — PARIS F. 4.73 ½	LONDRES Sh. 4.0 — PARIS F. 5.05	LONDRES Sh. 4.3 — PARIS F. 5.36 ½	LONDRES Sh. 4.6 — PARIS F. 5.68	LONDRES Sh. 4.9 — PARIS F. 6.00	3, 6, 9, 12 ½ c. sur le change font un francs par 100 kil.
ƒ ¼	F. 2.19	F. 2.33	F. 2.47	F. 2.62	F. 2.77	F. 0.05
½	4.38	4.66	4.95	5.24	5.54	0.10
¾	6.57	6.99	7.43	7.87	8.31	0.15
1	8.75	9.33	9.91	10.49	11.07	0.19
2	44.55	46.44	48.33	50.22	52.11	0.63
3	53.30	55.77	58.24	60.71	63.18	0.89
4	62.05	65.10	68.15	71.20	74.25	1.02
5	70.80	74.43	78.06	81.69	85.32	1.21
Logarithmes des changes	874580	932885	991190	1049495	1107800	19435
Frais invariables par 100 kil.	F. 27.05	F. 27.73	F. 28.51	F. 29.23	F. 29.96	F. 0.24

OBSERVATIONS

F. 10 par 700 kil. sur le fret font au Havre une différence de F. 1.86 par 100 kil. sur les prix.

Logarithme sous le change 2.35231

On veut savoir le revient au Havre de Gomme Almaciga achetée à Manille à ƒ 3 ½ le picul, au fret de F. 80 et au change de Sh. 4.3 par ƒ sur Londres. On trouvera dans la 1re et la 4e colonne de ce tableau que :

ƒ 3 — font au Havre par 100 kil.......... F. 38.24	
» ½ id. id.......... » 7.43	
ƒ 3 ½ feront les 100 kil. entrepôt.... F. 65.67	

On par le calcul du logarithme :

932885 × Sh. 4.3 change au 991190		
991196 × ƒ 3 ½ % prix.................... en		F. 37.16
plus frais invariables par 100 kil..........		» 28.51
Revient égal..........		F. 65.67
Droits de Douane et Juin 1870.		
Sous tous pavillons....................		Exempte.

COMPTE D'ACHAT ET DE REVIENT

A 100 CAISSES INDIGO

100 Caisses Indigo pesant net 17191 ℔ à ℔ 50 les 100 ℔ espagnoles................. ℔   8595.50

FRAIS A MANILLE

Emballage et assortissage à ℔ 1 les 100 ℔ .... ℔	171.91	
Frais d'échantillonnage .... »	20.—	
Caisses et mise à bord à ℔ 3 par caisse .... »	300.— = »	491.91
Commission d'achat et remboursement 5 % sur ℔ 9087.41		℔ 9087.41
		» 454.87
		℔ 9541.78
Remboursement sur Londres à 6 mois de vue à Sh. 4.3		
pour ℔ 1	£ 2027.12. 6	
à F. 25.25 pour £ 1	F. 51197.55	

FRAIS AU HAVRE

Fret à 25 mètres cubes 400 à F. 120 sec par 1^m 440........... F.	2366.66	
Permis, frais au débarquement, échantillonner, conditionner, port en		
magasin, arrimage, 1 mois magasinage et livraison................ »	800.—	
Assurance maritime 2½ % sur F. 56317.50................ »	1407.93	
Assurance contre le feu 1 ‰ sur F. 56317.50................ »	56.32	
Commission de banque ½ % sur F. 51197.55................ »	255.99	
Escompte à la vente .... 2½ %		
Courtage de vente .... ¼ %		
Commission de vente .... 2 %		
Ensemble................ 4¾ % sur F. 58671.34............ »	2786.89 »	7473 79
		F. 58671.34

RENDEMENT de poids réel :

100 ℔ nettes = 53.66 kil. bruts.
100 » = 43.62 kil. nets.

Brut kil. 9234
Don à 1¼ % 155 = 1713

Net. kil. 7511 à F. 7.61 le kil. entrepôt................ F. 58000.00

PRIX DE REVIENT AU HAVRE DU KIL. ENTREPOT

AUX CHANGES SUIVANTS SUR LONDRES POUR ℔ 1

Avec la parité des changes sur Paris calculés sur la base de £ 1 = F. 25.25

PRIX à MANILLE par qtl de 100 ℔	LONDRES Sh. 3.9 — PARIS F. 4.73½	LONDRES Sh. 4.0 — PARIS F. 5.05	LONDRES Sh. 4.3 — PARIS F. 5.36½	LONDRES Sh. 4.6 — PARIS F. 5.68	LONDRES Sh. 4.9 — PARIS F. 6.00	℔ 1 d. au 4 ½ c. sur le change font au Havre par kil.
℔ 1	F. 0.12	F. 0.13	F. 0.14	F. 0.15	F. 0.16	F. 0.—
2	0.24	0.26	0.28	0.30	0.31	0.—
3	0.36	0.39	0.42	0.45	0.47	0.—
4	0.48	0.52	0.56	0.60	0.63	0.—
5	0.62·	0.66	0.70	0.74	0.78	0.01
30	4.47	4.74	5.01	5.28	5.54	0.09
35	5.09	5.40	5.71	6.02	6.33	0.10
40	5.71	6.71	6.41	6.76	7.11 ·	0.12
45	6.33	6.06	7.11	7.50	7.89	0.13
50	· 6.94	7.88	7.81	8.24	8.07	0.15
55	7.56	8.03	8.51	8.98	9.46	0.16
60	8.18	8.69	9.21	9.72	10.24	0.17
65	8.80	9.35	9.91	10.47	11.02	0.19
70	9.41	10.01	10.61	11.21	11.80	0.20
Logarithmes des changes	1234046	1316956	1390266	1481676	1568986	27470
Frais invariables par kil.	F. 0.77	F. 0.79	F. 0.81	F. 0.84	F. 0.86	F. 0.01

OBSERVATIONS

F. 10 par 1 mètre cube 440 sur le fret font une différence de F. 0.02 % par kilog. sur les prix.

Logarithme sans le change 3.52239

On veut savoir le revient au Havre d'Indigo acheté à	On par le calcul du logarithme :
Manille à ℔ 47 quintal espagnol, au fret de F. 120	3.52239 × Sh. 4.3 change = 1399266
sec par 1.440 et au change de 4.9 sur Londres.	1399266 × 47 prix......................... = F. 6.58
On trouvera dans la 1re et 4e colonne de ce tableau	plus frais invariables par kil.............. » 0.81
que :	Revient égal............................ F. 7.39
℔ 45 font au Havre par kil................ F. 7.11	
» 2 id............................ id. » 0.28	Droits de Douane de Juin 1870.............. Exempt.
» 47 faisant le kil. entrepôt............ F. 7.39	Sous tous pavillons.

COMPTE D'ACHAT ET DE REVIENT

A 20 BALLES PEAUX DE BUFFLES

20 Balles Peaux de buffles, piculs 101.40 à $ 7 le picul	$	709.80

FRAIS A MANILLE

Presser, recevoir, transport et embarquer à $ 1	»	20.—
	$	729.80
Commission d'achat et remboursement 5 %	»	36.49
	$	766.29
Remboursement sur Londres à 6 mois de vue à Sh. 4.3 pour $ 1	£	162.16. 9
à F. 25.25 pour £ 1	F.	4111.63

FRAIS AU HAVRE

Fret à 6462 kil. à F. 80 les 500 kil.		F.	1083.92		
Recevoir, peser, examiner, transport, arrimer, 1 mois magasinage et livraison		»	60.—		
Assurance maritime 2 ½ % sur F. 4522.80		»	113.07		
Assurance contre le feu 1 ‰ sur F. 4522.80		»	4.52		
Commission de banque ½ % sur F. 4111.63		»	20.56		
Escompte à la vente	2¼ %				
Courtage de vente	¼ %				
Commission de vente	2 %				
Ensemble	4½ % sur F. 5595.50	»	251.80	»	1483.87
				F.	5595.50

Rendement de poids : 1 picul = 63.73 kil. bruts.

20 Balles brut kil. 6462			
Liens » 19			
Net kil. 6443 à F. 86.85 les 100 kil. entrepôt		F.	5595.75

PRIX DE REVIENT AU HAVRE DES 100 KIL. ENTREPOT

AUX CHANGES SUIVANTS SUR LONDRES POUR $ 1

Avec la parité des changes sur Paris calculés sur la base de £ 1 = F. 25.25

	PRIX à MANILLE par Picul en $	LONDRES Sh. 3.9 — PARIS F. 4.73½	LONDRES Sh. 4.0 — PARIS F. 5.05	LONDRES Sh. 4.3 — PARIS F. 5.36½	LONDRES Sh. 4.6 — PARIS F. 5.68	LONDRES Sh. 4.9 — PARIS F. 6.00	¼ d. ou 10 ½ c. sur le change font en francs par 100 kil.
Coût et frais var.	$ ¼	F. 2.11	F. 2.26	F. 2.40	F. 2.54	F. 2.68	F. 0.05
	½	4.23	4.52	4.80	5.08	5.36	0.09
	¾	6.34	6.78	7.20	7.62	8.04	0.14
	1	8.46	9.03	9.59	10.15	10.71	0.18
Coût et frais variables et invariables	5	61.82	64.74	67.67	70.59	73.52	0.97
	6	70.28	73.77	77.26	80.75	84.23	1.16
	7	78.75	82.80	86.85	90.90	94.95	1.35
	8	87.21	91.83	96.44	101.05	105.66	1.54
	9	95.68	100.85	106.03	111.20	116.38	1.72
	10	104.14	109.88	115.62	111.36	127.09	1.91
	11	112.61	118.91	125.21	131.51	137.81	2.10
Logarithmes des changes		8464894	9029220	9593546	10157872	10722198	188108
Frais invariables par 100 kil.		F. 19.50	F. 19.60	F. 19.70	F. 19.80	F. 19.90	F. 0.08

OBSERVATIONS

F. 10 par 500 kil. sur le fret font une différence de F. 2.10 par 100 kil. sur les prix.

Logarithme sans le change 2257305

On veut savoir le revient au Havre de Peaux de buffles achetées à Manille à $ 7 ¾ le picul, au fret de F. 80 et au change de Sh. 4.3.

On trouvera dans la 1re et la 4e colonne de ce tableau que :

$ 7— p. pic. font au Havre par 100 k. ent.			F.	86.85
» ¾ id.	id.	id.	»	7.20
$ 7¾ feront les 100 kil. entrepôt			F.	94.05

On par le calcul du logarithme :

2257305 × Sh. 4.3 change = 9593546		
9593546 × $ 7 ¾ prix	= F.	74.35
plus frais invariables	»	19.70
Revient égal	F.	94.05

Droits de Douane en Juin 1870.

Sous tous pavillons ... Exemptes.

ZONE DES CÔTES DU PACIFIQUE

RÉPERTOIRE DES COMPTES ET DES ARTICLES

CHILI, COSTA-RICA MANILLE, SAN-FRANCISCO, VALPARAISO

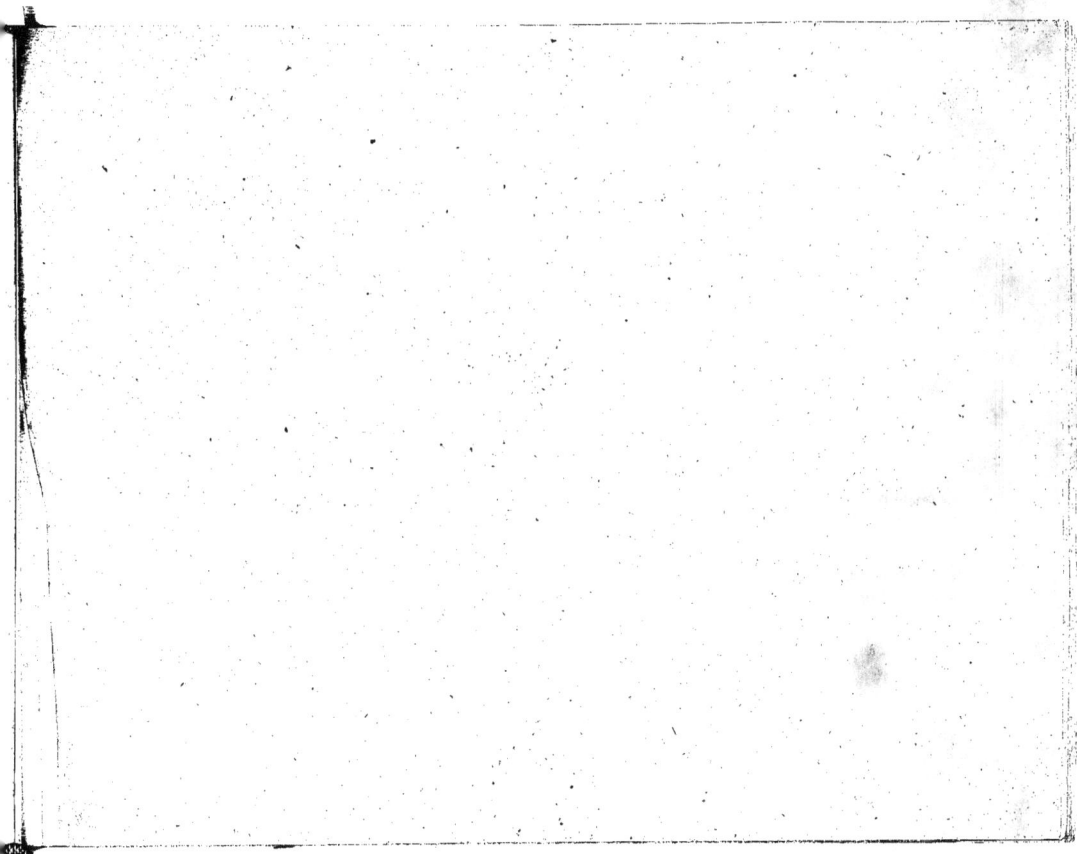

Plan général de l'Ouvrage

L'**Édition Française** comprend les Comptes de Revient de toutes les Marchandises importées en France des Pays d'Outre-Mer, ainsi que des Ports d'Europe, avec des Notices sur les Usages du Commerce et de la Marine marchande dans les principales Places.

Elle se publie par Livraisons de 100 à 200 Comptes ou pages.

L'**Édition Anglaise** comprend les Comptes de Revient de toutes les Marchandises qui figurent dans l'Édition Française, avec cette différence que ces comptes sont établis *pour l'importation en Angleterre*.

Elle se publie également par Livraisons de 100 à 200 Comptes ou pages.

Les **Livraisons par Zônes** sont formées par la réunion des Comptes Français et Anglais d'un certain nombre de Places d'exportation choisies de manière à composer un groupe ou une Zône.

N.-B. — L'Édition Française et l'Édition Anglaise renfermeront un certain nombre de Comptes qui ne seront pas compris dans les Éditions par Zônes.

Le prix des Livraisons est établi à raison de 25 centimes pour chaque Compte ou page.

Conditions de la Souscription

On peut souscrire *séparément* :

1° — A l'Édition Française ; 2° — à l'Édition Anglaise ; 3° — à une ou plusieurs des dix Livraisons par Zônes dont la liste suit:

1ᵉ **La Plata.** — Buenos-Ayres, Montevideo et Rio-Grande.

2ᵉ **Golfe du Bengale et Mer d'Oman.** — Calcutta, Madras, Pondichéry, Arakan, Pegou, Rangoon, Akyab, Colombo, Tuticorin, Bombay, Kurrachee, Mangalore, Tellichery.

3ᵉ **Iles de la Sonde et Océanie.** — Manille, Bornéo, Singapore, Pinang, Malacca, Batavia, Chéribon, Padang, Samarang, Sourabaya, Australie.

4ᵉ **Siam, Cochinchine, Chine et Japon.** — Bangkok, Siam, Saïgon, Macao, Canton, Hong-Kong, Amoy, Ning-Pho, Shang-Haï, Nangasaki, Yedo.

5ᵉ **Afrique, Mozambique et Madagascar.** — Maurice, la Réunion, Cap de Bonne-Espérance, Bathurst, Port Natal, Mozambique, Madagascar.

6ᵉ **Brésil.** — Rio-Janeiro, Pernambuco, Bahia, Maragnan, Para, Céara, Santos, Parahyba.

7ᵉ **Côtes du Pacifique.** — Lima, Arequipa, Iquique, Copiapo, Valparaiso, Payta, Guayaquil, Nicaragua, San-Salvador, Guatemala, Acapulco, Mazatlan, San-Francisco.

8ᵉ **Amérique du Nord et Golfe du Mexique.** — New-York, Baltimore, Charleston, Savannah, Mobile, New-Orleans, Galveston, Matamoras, Tampico, Tuspan, Vera-Cruz, Tabasco, Campêche, St-Jean-de-Nicaragua, Carthagène, Cayenne, Laguayra, Puerto-Cabello, Ste-Marthe, Maracaïbo, Caracas, Cumana.

9ᵉ **Indes Occidentales.** — Havane, Matanzas, Cienfuegos, San-Yago-de-Cuba, Port-au-Prince, Gonaïves, Les Cayes, Jacmel, Porto-Rico, St-Jean, Ponce, Mayagüez, Guayama, Cap Vert, Ste-Croix-de-Ténériffe.

10ᵉ **Méditerranée et Mer Noire.** — Ajaccio, Bastia, Gênes, Livourne, Palerme, Girgenty, Malte, Cagliari, Almeria, Valence, Barcelone, Oran, Alger, Bône, Tunis, Tripoli, Alexandrie, Beyrouth, Smyrne, Salonique, Gallipoli, Scutary, Sinope, Trébisonde, Bourgas, Varna, Odessa, Taganrog, Constantinople.

www.ingramcontent.com/pod-product-compliance
Lightning Source LLC
Chambersburg PA
CBHW071238200326
41521CB00009B/1532